백 년 전 수학여행

**세창역사산책 007**

백 년 전 수학여행

**초판 1쇄 인쇄** 2018년 8월 3일
**초판 1쇄 발행** 2018년 8월 10일
-
**지은이** 조윤정
**펴낸이** 이방원
**기  획** 이윤석
**편  집** 김명희·안효희·강윤경·홍순용·윤원진
**디자인** 손경화·박혜옥
**마케팅** 최성수
-
**펴낸곳** 세창미디어

　　　　출판신고 2013년 1월 4일 제312-2013-000002호
　　　　주소 03735 서울특별시 서대문구 경기대로 88 냉천빌딩 4층
　　　　전화 02-723-8660 | 팩스 02-720-4579
　　　　이메일 edit@sechangpub.co.kr | 홈페이지 http://www.sechangpub.co.kr
-
ISBN 978 - 89 - 5586 - 530 - 1  04910
ISBN(세트) 978 - 89 - 5586 - 492 - 2

이 도서의 국립중앙도서관 출판시도서목록(CIP)은 서지정보유통지원시스템 홈페이지(http://seoji.nl.go.kr)와
국가자료공동목록시스템(http://www.nl.go.kr/kolisnet)에서 이용하실 수 있습니다. (CIP제어번호: CIP2018024127)

세창역사산책 007

# 백 년 전
# 수학여행

조윤정 지음

세창미디어
MEDIA

  처음 수학여행에 관해 관심을 두게 된 것은 2014년 즈음이었다. 수학여행을 떠날 때 나의 마음은 어땠는지, 그곳에서 무얼 봤는지 생각을 더듬어 보다가 문득 여행을 다녀와서 기행문을 썼던 기억이 떠올랐다. 그리고 자료를 찾아보니, 과거의 나보다 더 옛날에 학교를 다녔던 학생들도 사정은 다르지 않았다. 그러나 과거 학생들은 나보다 강하게 수학여행을 열망했고, 더 힘들게 여행을 다녀와서 그 소중한 추억을 지면에 담지 못한 것을 못내 아쉬워했다. 교복을 입은 채 이제 갓 개통된 기차를 타고 수학여행을 떠났던 학생들을 사진으로 보며, 나와는 다른 시대적 분위기 속에서 보고 듣고 느꼈던 풍경들을 세심하게 들여다보고 싶다는 생각을 했다.

  세월호 사건 이후, 우리나라에서 '수학여행'은 학창시절의 설렘과 추억이라는 단어로 떠올리기에는 조심스러운 일이 되었다. 인터넷 포털 사이트에 수학여행이라는 단어를 검색어로 넣으면, 연관 검색어나 검색 결과로 '수학여행 안 가려면 어떻게 하나요?'라는 내용이 나온다. 그 글들을 본 날의 충격을 잊을 수가 없다. 이제 수학여행은 부담스럽고 피할 수 있으면 피하고 싶은 일 가운데 하나가 되어 버렸다. 수학여행이 애초에 지니고 있었던 교육적 목적을 상실한 것에서 그 이유를 찾을 수도 있겠지만, 문제는 더 근본적인 것에서부터 고민되어야 할 것 같다.

한국의 수학여행 자체가 매우 특이한 형태의 여행이고, 일본과 한국 이외에 이와 같은 형태의 대단위 단체여행을 떠나는 나라는 세계에서 찾아보기 어렵다. 식민지 잔재이기 때문에 수학여행이 없어져야 한다고 주장하기보다는 이 시대에 수학여행이 꼭 필요한 것인지, 다른 형태로 변화될 가능성을 생각해 볼 수는 없는지, 묻고 답하는 시간이 필요하다고 느꼈다.

이 책은 현재의 독자들이 수학여행을 과거와 현재의 시

간적 거리감 속에서 더듬어 보고, 그 의미를 재구성할 수 있
길 바라는 마음에서 시작되었다고 해도 과언이 아니다. 이
책이 수학여행 무용론, 수학여행 시비론, 수학여행 갱신론
등 다양한 논의를 끌어낼 수 있는 계기로 활용되었으면 좋
겠다. 우리나라의 교육은 여러 방면에서 논쟁이 필요한 시
점에 와 있기 때문이다.

　그리고 만약 수학여행이 필요하다면, 그것이 현대의 우
리에게 꼭 필요한 형태로 재구성되길 바란다. 여행의 목적,
주체, 장소, 시간 등 수학여행은 학생과 교사의 상상력 속에
서 무수한 형태로 달라질 수 있다. 이 책이 보여 주는 수학
여행의 과거는 앞으로 수학여행이 나아가야 할 방향을 암
시한다. 그사이 많은 연구자가 수학여행에 관심을 두고 논
문을 발표해 왔다. 이 책은 그 연구들에 힘입어 조금씩 진
척되었다. 기왕의 논의들을 종합했을 때, 수학여행은 근대
교육, 사회, 문학, 문화의 교섭 속에서 도입되고 변화해 온

제도라 할 수 있다. 나는 과거의 학생과 교사들이 무엇을 느끼고 말하려 했는지 세심히 들여다보는 마음으로 자료를 읽고 정리했다. 이 시대 독자들에게 그들의 목소리가 주는 낯섦이야말로 수학여행이 변화해야 하는 이유가 되지 않을까 싶다.

이 책에서는 조선총독부의 교육정책 변화, 당대 교육자들의 담론을 바탕으로 수학여행의 사회·문화적 맥락을 살폈다. 그리고 학생과 교사의 기행문에서 여행 주체들이 보여 주는 다중성을 바탕으로, 일본과 조선, 만주를 응시하는 감정과 욕망의 혼종 상태를 분석했다. 수학여행을 통한 신민의식의 내면화라는 일본 제국의 정치적 시도에 조선인이 협력/저항했다는 결과론보다는, 국가주의적 이벤트인 수학여행의 전형성이 변용된 현상, 여행의 목적의식에 부합하지 않는 균열 양상에 주목했다. 실제로 당시 수학여행 관련 기사와 기행문을 보면, 수학여행이 실로 다양한 정치, 사회,

문화적 상태를 인식하는 경로로 활용되었음을 알 수 있다. 학생들이 만들어 내는 서사는 각각의 궤적을 가진 공간을 인정하고, 그 궤적들이 하나의 질서대로 정렬될 수 없음을 증명한다. 식민지 교육장 안에서 만들어진 여행(기)의 문화를 온전히 이해하기 위해서는 그것이 복수의 이념과 욕망, 감정의 구성체임을 인정하는 태도를 요구한다. 기행문은 제국의 내재화된 스토리, 즉 이미 정립된 정체성의 전개가 아니라 정체성의 구성과정과 상호작용을 보여 준다는 측면에서 의미를 지닌다. 그러므로 조선학생과 교사의 기행문은 식민화의 다중성에 대한 사고를 담은 텍스트로서 읽힐 수 있다.

　이 책은 수학여행의 이데올로기가 생산, 유포, 전유되는 과정에서 발생한 불협화음을 드러내고 그것의 의미를 분석하는 데 많은 지면을 할애했다. '폐해', '무용', '성과', '소득' 등 수학여행에 관한 당대 조급한 결과론적 해석들이 보여 주는 산발성이야말로 당대 수학여행에 잠재된 이데올로기를 내파하는 특성이다. 올해도 수학여행철이 되면 언론에서는 여행의 성과와 경제적 부담을 견주며 비판의 목소리를 낼 것이다. 이 책은 그 목소리가 100여 년 가까이 계속되어 이제는 익숙하고 상투적인 것임을 드러낸다. 그러나 낡았지만 더 간절하게 논쟁적이었던 과거 학생들의 목소리에서 우리는 이 시대 수학여행이 훨씬 더 첨예하게 변화를 모색해야 함을 느끼게 된다.

더 일찍 출판되었어야 할 책이 저자의 게으름 때문에 여러 사람을 힘들게 했다. 오랜 시간 원고를 기다려 주신 세창미디어에 감사드린다. 또한, 가족을 비롯한 주변 사람들의 격려가 없었다면 이 책은 세상의 빛을 보지 못했을 것이다. 그들이 나와 함께 바랐던 것처럼, 수학여행이라는 사건의 의미가 이 책을 통해 많은 사람에게 공유되길 바란다.

차례

## 1부
## 수학여행의
## 시작

**여행도 애국적으로**

  1900년대를 전후해 철도가 개통되자, 학교와 학년 단위
의 장거리 여행이 시작된다. 그때부터 백 년간 수학여행은
이어져 왔다. 명승고적을 돌며 민족의 역사를 생각하고, 꽉
짜인 일상을 떠나 자연을 느끼거나, 발전한 도시 속에서 새
로운 문물을 탐방하는 학생들의 수학여행은 지금까지도 지
속, 반복되고 있다. 1900년대 초부터 실시되었으나 수학여
행이 본격화된 것은 일제강점기인 1920년대이다. 1920년대
중반에는 만주와 일본으로까지 확장되다가 1930년대에는
존폐의 논란 속에서 경제적 부담을 줄이는 여행으로 유지
된다. 그리고 1937년 중일전쟁 이후에는 신사참배를 목적

으로 변한다.

그렇다면 백 년 전 수학여행의 목적과 의미는 무엇이었을까? 현재 수학여행은 교사의 인솔 아래 학교에서 행하는 숙박여행으로 학생들에게 현장학습 및 단체생활의 학습경험을 제공하는 개념으로 통용된다. 그러나 수학여행이 도입된 1900년대 초만 하더라도 수학여행은 소풍과 놀이, 원족, 유람과 같은 어휘들과 함께 쓰였다.[1] 당시에는 근대 교육을 '신지식의 습득─문명화─조선의 발전'으로 받아들였다. 그래서 수학여행은 '애국심 고취' 혹은 '조선혼의 집단 체험'이라는 목적하에 이해되었다.

여행은 목적과 동기가 분명치 않은 이동이라는 특성을 지닌다. 하지만 관광은 오락, 재미, 문화적 요구, 역사적 탐방, 각종 행사 참여 등 목적과 동기가 여행보다 분명하다. 그런 점에서 수학여행은 관광에 가깝다. 더욱이 전통사회에서 특정 계층만 누리던 관광을 대중적으로 소비할 수 있게 했다.[2] 또한, 학교 단위의 여행은 경제성 있는 단체여행을 자연스럽게 받아들이는 계기가 된다. 물론 이전에도 미션스쿨 선교사가 주도한 놀이나 상춘회와 같은 당일치기 여행, 학교 단위의 운동회가 있었다. 무엇보다 조선의 수학여행 제도가 정착되는 데에는 일본의 수학여행 문화가 큰 영향을 미친다.

일본 최초의 수학여행은 메이지 19년(1886) 2월 동경사범학교가
실시한 생도의 '장거리 소풍'이다. '수학여행'이라는 표현이 처
음 나타난 것은 동경사범학교가 실시한 생도의 '장거리 소풍'을
『명계회잡지(茗溪会雜誌)』가 그해 12월 '수학여행'이라고 보고했
던 것에서 찾을 수 있다. 수학여행은 '장거리 행군' 등의 표현과
근거를 같이한다. 그전에도 몇 개의 사범학교에서는 '행군' 혹은
'행군여행'이라는 행사가 시행되고 있었기 때문에 수학여행 탄
생 전에 소풍이나 행군이 있었다는 것을 상상할 수 있다. 초기의
수학여행은 견학, 견문보다는 오히려 신체단련의 도보여행에서
출발했다. 부국강병이라는 국가의 목표와 연동하는 것으로서
나타났다. 또 하나 주목할 점은 초기의 수학여행에서 사범학교
가 많았다는 점이다. 수학여행은 새로운 교육과목으로 사범학
교에 의해서 먼저 도입되었다. 이어서 서서히 사범학교 이외의
학교로 보급되어 나간다.

- 시라하타 요자부로(白幡洋三郎), 『여행의 권유(旅行のススメ)』, 中央公論社, 1996, 113-
114면 요약.

일본도 처음에는 '부국강병'의 이념, '국민교육', '교사 양
성'이라는 목적을 내세워 수학여행을 보급한다. 이것은 조

선의 근대 초기 교육적 상황과 매우 비슷하다. 수학여행이 특별한 거부감 없이 조선에 유입될 수 있었던 이유는 무엇이었을까? 첫째, 일본의 국가주의 문명담론이 조선의 민족주의 사상으로 재해석될 수 있었기 때문이다. 둘째, 입학난이 시작되기 전인 1900년대 초의 상황에서 수학여행과 같은 행사는 학생을 모집하는 광고효과를 냈을 것이다. 셋째, 미디어의 발달에 따라 여행의 중요성이나 유익함을 강조하는 사회적 분위기에 영향받아 학생들이 갖게 된 여행 욕구를 들 수 있다. 넷째, 1912년 일본여행협회 조선지사 설립에 따른 조선 여행업의 시작을 들 수 있다. 이 같은 여행업의 등장으로 각 지역에서 수학여행이라는 대규모의 상품을 지역 발전의 가능성으로 보았다.


## 연중행사가 되는 수학여행

수학여행은 학도여행[3], 학생여행, 생도여행[4], 학교유람[5], 학원여행[6] 수학유람, 수업여행[7] 등의 말과 함께 사용되었다. 여행에 붙은 학도, 학생, 생도와 같은 수식어가 여행의 주체를 강조한다면, 학교와 학원이란 수식어는 여행을 주도하는 기관을 중심에 둔다. 또한, 수학유람이나 수업여행이란 어휘는 여행의 교육적 특성을 반영한다. 배재학당과 같은 사립학교에서 행했던 당일치기 '노리'[8]나 '상춘회'[9]가 수학여행과 차별적으로 사용되었던 것과 달리, '원족'[10]은 놀이나 상춘회를 대체한 '소풍', 학교에서 자연 관찰이나 역사 유적 견학을 겸하여 먼 거리를 다녀오는 '수학여행'을 아우르는 단어로 사용된다. 『대한매일신보』의 기사에는 수학여행과 '원족여행(遠足旅行)'이, 『매일신보』에서는 '원방여행(遠方旅行)'[11]이라는 어휘가 함께 나타난다. 원족이 학기 단위로 떠나는 소풍과 수학여행을 통칭하는 현상은 1920년대 후반에도 나타난다.

신문지면에 '수학여행'이 처음으로 등장한 것은 1901년 『황성신문』의 러시아 동양어학교 관련 기사에서다. 신문 기사는 일만 이천 원에 상당하는 수학여행 경비를 국가가 부담함을 밝히고, 여행의 목적이 학생들의 '한어 연구'에만 그치지 않음을 강조한다. 동양어학교 한어연구소 학생들의 만주지방 수학여행이 중국과의 관계를 중시하는 러시아의 입장을 대변하는 상징적인 사건임을 알 수 있는 대목이다. 수학여행은 학생의 학습활동으로 기획되는 한편, 국가의 정치적 관계성을 유지하고 표상하기 위해 '의도된 사건'으로도 기록된다.

「러시아 동양어학교 학생의 수학여행」, 『황성신문』, 1901. 7. 26.

1900년대 초는 수학여행이 사립학교에서 점차 증가하고, 그것이 교육과정의 하나로 제도화되는 상황이었다. 이 같은 정황 속에서 당대 신문에는 '수학여행'이란 단어가 개인이 방학 중에 떠나는 학업 여행[12]이나 일본에 유학하고 있던 황태자의 '유람'이나 '순람'을 지칭하는 말로도 사용된다.[13] 이것은 현재 우리가 사용하는 제도화된 개념이 정착되지 않은 과도기의 현상이다. 초기 수학여행은 여름방학을 이용한 소수 정예의 단체여행으로 국가의 지원을 받아 이루어졌다. 그리고 점차 조선 내 각 학교의 연중행사로 정착되어 간다. 이 과정에서 수학여행은 '학교의 교직원과 학생들이 교외학습을 위해 타지역으로 떠나는 여행'으로 그 의미가 굳어진다. 1914년에는 매년 가을철에 각 방면으로 수학여행하는 것이 연례(年例)[14]라는 인식이 나타난다.

지금은 수학여행 일정이 출석 일수에 포함되어 있다. 안 가는 사람이 이상해 보이고, 모두가 가니 여행에서 빠지려면 특별하고 합당한 사유가 필요하게 되었다. 그러나 1906년 공포된 학부령 제21호 고등학교령시행규칙 제10조 교수일수[15] 항목을 보면, 수학여행은 교수일수에 포함되어 있지 않다. 사범학교, 외국어학교, 고등여학교, 실업학교의 경우에도 모두 같다. 이 기준은 1909년 공포된 학부령[16]에도 그대로 유지된다. 당시에는 수학여행이 아직 일반화되지 않았다. 또한, 학교 행사로 진행되더라도 경비 부담 때문에 참여하지 못하는 학생들이 있었다. 교수일수 문제는 그와 같은 시대 상황을 반영한다.

수학여행이 증가하자 1905년 학부(대한제국의 학교정책과 교육에 관한 사무를 맡아 처리한 행정 기관)에서는 각 학교에 수학여행에 관해 학부의 지휘를 받으라고 알린다. 그리고 학부형의 부담을 줄이기 위해 학생의 상황을 살펴 부득이한 경우에만 시행할 것을 당부한다.[17] 1909년에 이르면 학부는 각 학교의 수학여행을 감독하는 '지방학도여행법'[18]을 발표한다. 이것은 학부가 수학여행에 '보조'의 형태로 관여하기 때문에 각 도에서 관련 사항을 처리하여 그 '사유'를 본부에 보고하는 형식이다. 학부는 학교에 수학여행의 이유를 묻고, 그것의 정당성을 확인하는 절차를 거친다. 특히, 학생과 학부형에게 경제적 부담을 주는 '숙박'을 제한한다.

학부의 훈령에 대해 『대한매일신보』에서는 「여행도 못해」[19]라는 냉소적 제목의 기사를 내보낸다. 1910년대에 이르면, 『매일신보』에 「여행에 관한 보고」가 수학여행의 한 과정처럼 기사화된다. 수학여행이 점점 증가하자 『황성신문』도 그에 대한 감시와 훈계의 목소리를 낸다. 「시사일국

(時事一掬)」이란 글을 쓴 기자는 사립고등학교에 수학여행이 '성풍(盛風)'임을 강조하고, 수학여행이 학문에 도움이 되는 바가 있겠지만, 철도운임비와 숙박비로 쓰일 돈이 낭비되는 점은 아깝다고 말한다.[20]

기자는 수학여행의 교육적 효과를 인정하면서도 부족한 학비로 공부하는 학생들이 수학여행 경비로 지출하는 돈이 적지 않음을 비판한다. 여기에는 수학여행이 일종의 유행처럼 번지는 현상에 대한 경계가 담겨 있다. 특히 이 기사가 '사립고등학교'의 수학여행을 문제 삼고 있다는 점에 유의할 필요가 있다. 이것은 학부가 사립학교의 수학여행을 '보고'의 형식으로 단속하고 제한하려 한 것과 관련된다. 기자는 수학여행이 가난한 학생 개인의 학비로 충당되는 현실을 무겁게 직시한다. 그리고 수학여행을 주도하는 사립학교에서 수학여행의 당위성을 스스로 확보할 필요가 있음을 환기한다.

일제의 조선 강점 이후에도 수학여행에서 숙박 문제는 매우 민감한 사안으로 작용한다. 1912년 11월과 1913년 11월에 각각 경기도 내무부장 아리가(有賀)와 전라북도 당국자는 소학교 및 보통학교 수학여행의 폐해가 많음을 지적하고 수학여행에 관한 단속을 한다. 그는 학부형에게 여비(旅

費)의 부담을 주거나 기타 기부(寄附)를 모집하는 일, 숙박을 필요로 하는 여행을 없애고, 특별한 사유가 있으면 도장관의 허가를 받아 2박으로 제한하라고 관하 부윤 군수에게 지시한다.[21] 1914년 기사에 보면, 하기방학을 이용해 내지로 수학여행을 계획한 교동 관립여자고등보통학교 사범과 학생들이 '여비문제'로 '총독부와 교섭'[22] 중이라는 기사가 실리기도 한다.

조선총독부는 왜 이렇게 숙박 문제에 민감하게 반응했을까? 겉으로는 학부형의 경비 부담 문제를 내세우지만, 수학여행이 단체여행이라는 점을 생각해 보자. 제국의 관점에서 볼 때, 식민지 학생들의 수학여행은 공공연한 '단체행동'이다. 조선총독부는 학생들의 집단 여행을 교육적 목적으로 허용했으나, 감시의 대상으로 삼을 수밖에 없었다. 급기야 조선총독부는 1921년 10월 1일 훈령 제54호 관립학교장직무규정 제1조 6항에 '숙박을 요하지 않는 수학여행'은 학교장이 '전행(專行)'[23]할 수 있다는 내용을 발표한다. 학교 단위의 수학여행에서 숙박 여부에 따라 교장의 자율권을 보장한다는 것은 조선 학교에 대한 제한이자 교섭이라 할 수 있다. 이 시기에 '숙박'이 수학여행의 필수요소는 아니지만, 대부분의 학교가 숙박을 전제로 여행을 계획하기 때문이다.

## 기차로 떠나는 단체여행

학생 단체여행이 가능할 수 있었던 것은 경인선(1899), 경부선(1905), 경의선(1906), 경원선(1914)의 개통에서도 힘입은 바 크다. 물론 비싼 객실 요금 때문에 철도가 오늘날처럼 여행이나 관광의 수단으로 활용되지는 못했다. 경인선 1등 객실 요금은 1원 50전, 2등은 80전, 3등은 40전이었다. 현재의 물가로 환산하면 일등석 40,000원, 이등석 21,000원, 삼등석 10,000원 정도 된다. 또한, 여인숙의 한 끼 식대가 5전으로 일반인이 경인선을 이용하여 여행한다는 것은 거의 불가능했다.[24] 대부분의 학생이 단체 할인 혜택을 받아 3등 객실을 이용해 수학여행을 떠났다.

조선총독부의 전신인 통감부의 철도관리국은 철도 이용자의 증가를 도모하기 위해 1908년 『한국철도선로안내(韓國鐵道線路案內)』, 『한국철도영업안내(韓國鐵道營業案內)』를 간행했다. 이 안내서는 일본어로 되어 있어 조선을 찾는 일본인 여행객을 주요 독자층으로 상정했음을 보여 준다. 안내서에는 조선 내 각 철로의 정차역뿐 아니라, 정차역에 가까운 명소를 소개하고 주요 여관 및 요리점을 명시해 두었다. 또한, 도시의 전경이나 명승지의 사진을 게재하여 독자의 호기심을 자극하는 방식을 취했다. 특히, 이 안내서는 경성,

부산, 평양을 주로 임진왜란, 청일전쟁, 러일전쟁의 사적지로 소개한다.[25] 일본의 조선 지배를 정당화하려는 수단의 하나였다. 안내서에는 수학여행을 떠나는 학생들의 운임비 할인[26]도 명시되어 있다. 조선을 찾는 일본인 학생뿐 아니라, 조선인 학생 역시 반값 할인을 받았다. 특별한 조선어 여행안내서가 없던 때에 이 서적이 교사들에게 참고자료로 활용되었을 것임은 쉽게 짐작할 수 있다.

철도관리국은 학생이 저렴한 비용으로 더 멀리 여행갈 수 있는 혜택을 홍보했고, 학생은 그 제도에 힘입어 수학여행을 떠났다. 『황성신문』 기사를 보면, 1908년 전국의 보통학교 졸업생들이 통신관리국(通信管理局)과 교섭하여 수학여행의 차비를 반값 할인받은 내용을 확인할 수 있다.[27] 또한, 1909년 기사에는 법관양성소 직원이 통감부 철도관리국과 교섭하여 학생들의 기차 요금을 할인받은 사실도 기록되어 있다.[28] 1917년 김윤경의 『인천원족기(仁川遠足記)』[29]에도 연희전문 시절 경인선으로 인천에 가며, 급히 24인의 단체를 조직하고 왕복 할인 차표를 구해 3등차 한 칸을 점령한 일화가 묘사되어 있다. 여기에는 철도국―학교―학생이라는 집단의 사회적 이해관계, 수학여행을 둘러싼 규정과 사고 방식이 담겨 있다.

철로를 따라 진행되는 학생들의 여행 경험은 미리 계획되고 표준화된 패키지 상품에 가깝다. 그러나 '시찰', '험찰', '견학', '참관' 등 학생의 학습에 필요한 활동의 영향력 때문에 여행의 당위성을 확보하기 쉬웠다. 학생이나 학부형은 그 소비에 자발적으로 복종했다. 특히, 수학여행은 '학생'과 '교사'만이 누릴 수 있는 형태의 관광이다. 그러므로 근대 초기 사회적, 문화적, 정치적 영향력을 지닌 집단의 정형화된 여행을 신비화하는 효과까지 가졌다. 조선에서 1910년대 신식학교에 다녔던 학생의 비율은 관·공·사립학교를 통틀어 5%도 안 된다.[30] 더욱이 1900-1910년대는 조선 학생들의 입학난이 시작되기 전이었기 때문에 수학여행과 같은 행사는 학교 홍보에도 적지 않은 효과를 냈을 것이다. 일정 금액의 여비를 학생이 부담하고, 학생과 교사가 조선의 각 지역을 단체로 여행한다는 것은 이전에 없던 일이기 때문이다.

## 수학여행에 허리 휘는 부모

수학여행의 경비는 학교마다 달랐다. 여행지와 기간, 여행 보조금의 유무 여부를 고려할 때, 평균적인 여행경비를 계산하기는 어렵다. 또한, 수학여행 관련 기사에서 여비를 공개하는 학교가 많지 않다. 수학여행 관련 신문기사[31]와 각 학교의 수학여행 기록을 보면, 여행비는 학생 개인이 부담한 경우도 있지만, 학교, 행정관서, 종교단체, 청년회 등에서 보조하는 경우도 있었다.

구체적인 사례를 통해 보자. 1908년 경의선을 이용해 개성에 수학여행을 갔던 보성중학교의 학생 일 인당 여비는 2원 50전이었다. 또한, 1910년 경의선을 이용해 개성을 찾았던 휘문의숙의 학생들은 2원을 내고 수학여행을 다녀왔다. 같은 해 평양을 방문했던 보성중학교 학생들은 6원을 내고 3박 4일의 수학여행을 떠났다.

물론 1907년 의성 문소학교처럼 수학여행지의 관리에게 지원금을 받은 경우도 있고, 1923년 간성 수성학원처럼 청년회에서 보조금을 받은 경우도 있다. 수성학원 학생들은 6일간 금강산 여행에 일 인당 여비 1원 50전을 내고, 부족분은 수성청년회에서 보조받았다.[32] 이 밖에도 여행 지역의 학교나 교회, 절 또는 유지의 도움을 얻어 숙박을 해결한 사례도 찾아볼 수 있다. 이렇게 수학여행을 떠나는 학생들이 개별 학교 차원에서 학교나 지방 기관, 지역 유지, 종교 단체 등의 도움을 받았던 것은 수학여행이 지닌 시대적 당위성과 학생들을 향한 사회적 기대감이 컸던 탓이다.

여행 경비만 보면 조선총독부가 강조하는 학부모의 경제적 부담이라는 것이 쉽게 와 닿지 않는다. 그러나 시대별 조선인의 하루 임금과 비교해 보면, 자식의 여행 경비가 부모에게 얼마나 부담스러운 것이었는지 짐작할 수 있다. 1900년대 초 경부선을 건설하던 철도 노동자의 임금은 음식을 제공하지 않을 경우 14-50전, 광산 노동자의 임금은 지역에 따라 20-50전이었다. 아버지가 밥을 굶어 가며 일주일간 일해야 자녀 한 명을 수학여행 보내는 경비를 마련할 수 있었다.

1920년대에 이르러도 상황은 크게 달라지지 않는다. 1929년 대중잡지 『별건곤』이 조사한 경성 노동자의 직업별 하루 품삯을 보면, 목수가 2원 18전, 양복점 기술자가 1원 50전, 인력거꾼이 4원, 석공이 2원 45전, 이발사가 1원을 벌었다.[33] 이들은 수입이 불규칙할 수밖에 없고 수학여행 경비 역시 물가 상승률의 영향으로 증가하는 점을 고려하면 부모들이 수학여행철이 다가오는 게 부담스러웠을 것은 지금과 마찬가지다. 만주나 일본으로 수학여행을 떠날 경우, 학생들은 평균 30원 이상의 여행 경비가 필요했기에 학부형의 부담은 더욱 가중되었다.

한 번에 수학여행 경비를 걷는 것이 학부형에게 부담되자 학교에서는 여행 경비를 적립금 형태로 모아 두는 방식을 택한다. 이에 따라 학생들은 매월 3-4원 정도의 수업료를 낼 때, 20전-1원 정도의 수학여행비를 적립하였다. 물론 학교별로 여행지에 따라 적립금에 차이가 있었다.[34] 1930년대에 경제적 문제로 수학여행 폐지론이 등장했을 때에도 학생들은 적립금 제도를 내세우며 수학여행 유지를 주장한다.

적립금 형태로 경비를 마련한다 해도 농촌의 학부형들에게 수학여행비가 여전히 부담스러운 것임에는 변함이 없었다. 뒤에서 살펴보게 될 1930년대 수학여행 시비론에서도 경비 문제는 가장 처음 등장하는 논쟁거리였다. 교육가 이만규는 1934년 「수학여행론」[35]에서 수학여행의 필요성을 역설한다. 여기서 그는 수학여행 시비론에 늘 등장하는 비용 부담 문제를 의식하여, 조선인들의 일 년 술 소비량이 구천만 원, 연초 소비량이 삼천만 원임을 환기한다. 학부모가 술과 담배에 소비하는 돈을 아껴 자녀 교육에 투자하라는 주장에서 은근한 압박이 느껴진다. 그는 급기야 자녀의 교육을 위해 돈 쓰는 행위를 '사람다운 일'이라고까지 표현한다. 그의 논리는 수학여행의 교육적 당위성을 강조하고, 그것을 학생, 교사, 학부형에게 계몽하는 차원에 놓여 있다.

이처럼 자식 교육을 위해 학부모는 허리띠를 졸라매야 했다. 당시에는 자식을 가르치는 것이 곧바로 애국이자 구국으로 여겨졌다. 근래의 뉴스와 신문에서 백만 원대 해외 수학여행이 추억 대신 상처를 남긴다는 기사를 접한 기억이 난다. 수학여행의 시대적 가치는 달라졌지만, 학창시절의 추억조차 돈이 없으면 나누지 못하는 상황은 백 년째 계속되고 있다.


## 여행의 피로는 여관에서

수학여행 중 학생들은 주로 여관에서 묵었다. 1921년 『통계연보』에 수록된 경성, 금강산, 부산, 신의주 등 주요 여행지의 여관 영업 성적을 보면, 학생들이 수학여행을 떠나는 4-5월과 10월에 여관의 영업 실적이 다른 달에 비해 높은 것을 확인할 수 있다.[36] 수학여행철 학생들은 여관의 주요 고객이었다. 여관에서는 객실 보유수, 최신 시설, 학생 단체 요금의 할인 혜택 등을 내세우고 학생 단체 요금은 보통학교, 중등학교, 전문학교 이상으로 구분해 두었다.

그렇다면, 여관의 숙박비는 어느 정도였을까? 지역별, 등급별로 숙박비는 천차만별이었지만 학생 단체 요금은 일인당 70전에서 1원 50전 내외였던 것으로 보인다. 이것은 조선인 여관 기준이다. 일본인이 경영하는 여관은 조선인 여관의 2-3배의 가격으로 손님을 받았다. 학생들이 수학여행지로 자주 찾던 인천에서는 1923년 조선인 여관의 단체 숙박료가 이등실의 경우 1원, 삼등실의 경우 80전으로 정해져 있었다.[37] 이후 여러 지역에서 관광객의 편의를 도모하기 위해 여관업자들이 조합을 창립하고 숙박료 협정을 맺는다.[38]

1929년 『경성편람』에 수록된 경성 여관의 삼등실 숙박료가 87전-1원 30전 내외였다.[39] 1929년 8월 조선박람회사무국(朝鮮博覽會事務局)에서 박람회 개최 중 조선인 측 숙박요금을 결정한 바 있다. 당시 조선인 측 학생 단체 요금은 갑특등(甲特等)의 경우, 중학생 단체는 90전, 소학생 단체는 70전이었으며 을특등(乙特等)의 경우, 중학생 단체는 80전, 소학생 단체는 60전이었다. 그리고 한 끼 밥을 먹으면 그 비용에서 4분의 1을 덜 받고, 밥을 먹지 않을 때는 숙박비를 반액 처리하는 것으로 정해져 있었다.[40]

이처럼 각 지역의 여관업자들은 숙박료를 협정해서 명시했으며 그 요금은 물가에 따라 인상되었다. 1935년 4월에 조선여관협회는 물가 폭등을 이유로 단체여객의 숙박료를 5-10% 인상했다. 소학생과 중학생은 3끼 식사, 전문학교 이상은 2끼 식사를 포함한 일박 요금이 소학생 1원 50전, 중학생 1원 80전, 전문학교 2원 30전이었다.[41]

또한 1930년대 초에 신문기자가 제시한 만주 내 일본여관의 최저 숙박료가 2원 50전인 데 반해, 조선여관의 숙박료가 1원 20전(도시락 포함)이었다.[42] 학생단체요금에는 기본적으로 세 끼 식사비가 포함되어 있어서 식사를 덜 할 경우 감산하는 방식으로 숙박료 세목이 정해져 있었다. 다음은 일제강점 말기 조선과 만주 여관의 단체 숙박 요금 및 식사 요금표이다.

**조선 만주 단체 숙박 요금 및 식사 요금표** (단위: 원, 전)

| 단체 종별 | 지역별 요금 | 숙박료 | | | | 식사요금 | | | |
|---|---|---|---|---|---|---|---|---|---|
| | | 기본 요금 | 조식결 (朝食缺) | 주식결 (晝食缺) | 석식결 (夕食缺) | 아침 (朝) | 점심 (晝) | 저녁 (夕) | 도시락 (辨當) |
| 중등학생 단체 | 조선 | 1.80 | - | 1.75 | 1.50 | .60 | - | .80 | .35 |
| | 만주 | 2.00 | 1.80 | 1.80 | 1.60 | .60 | .70 | .95 | .40 |
| 대학생 단체 | 조선 | 2.60 | - | 2.25 | 2.00 | .70 | - | 1.20 | .35 |
| | 만주 | 2.65 | 2.25 | 2.30 | 2.00 | .80 | .90 | 1.15 | .45 |
| 청년단 | 조선 | 3.00 | - | - | 2.40 | .80 | - | 1.20 | .50 |
| | 만주 | 2.65 | 2.20 | - | 1.85 | .80 | .90 | 1.40 | .55 |
| 일반단체 | 조선 | 3.50 이상 | - | - | 2.50 이상 | 1.00 | - | 2.00 | .60 이상 |
| | 만주 | 3.80 이상 | 3.15 이상 | - | 2.55 이상 | 1.10 이상 | 1.60 이상 | 2.20 이상 | .80 이상 |

주1- 학생단체는 일박에 세끼, 기타 단체는 일박에 두 끼 요금을 붙여 제시함.
주2- '조식결, 주식결, 석식결'은 아침, 점심, 저녁 식사를 하지 않았을 경우의 요금에 해당함.

『조선 만주 여행의 안내서(朝鮮滿洲旅の栞)』에 수록된 위의 표에는 '조선과 만주도 지방에 따라 요금에 다소간의 차이는 있지만, 여관협정에 따른 단체 숙박료는 대체로 표준에 따른다'는 설명이 덧붙여 있다.[43] 표에 제시된 가격을 보면 1920년대 말과 비교할 때, 여관의 숙박비가 평균 50전 이상 올랐음을 알 수 있다.

여관의 숙박비가 비싸다 보니, 학교 측에서는 여행 기간과 경비를 줄이기 위해 차내 숙박을 이용해 여행 일정을 짰다. 일본 수학여행을 떠난 학생들은 보름 내외의 여행 기간 중 시모노세키, 미야지마, 히로시마, 오사카, 나라, 야마다, 후타미, 나고야, 후지사와, 가마쿠라, 요코스카, 요코하마, 도쿄, 우에노, 닛코, 교토 등을 선택적으로 방문했다. 그 가운데 6박 이상을 배와 기차 안에서 해결했다. 만주 수학여행을 떠난 학생들은 일주일가량의 여행 기간 중 대부분 평양─무순─봉천─신경─대련─여순─안동─평양 순으로 코스를 돌았다. 기간 동안 사흘 이상 기차 침대에서 숙박을 해결하고 봉천, 무순, 장춘, 대련 등 시내의 일본인 여관과 조선인 여관에서 하루 이틀을 머물렀다. 초기 만주 수학여행에서 학생들이 비싼 돈을 내고 일본인 여관에 머물자 한 기자는 조선인 여관이 지닌 장점을 강조한다.

여관으로 말하드래도 심양(瀋陽)에서 우리 동포들이 경영하는 것으로 일본여관만 못하지 아니한 것이 얼마든지 있다. 이제 우리 동포들이 경영하는 여관을 열거하면 역전에 태평(太平)여관, 경북(慶北)여관, 한성(漢城)여관, 서탑대가에 경성(京城)여관 등 식가(食價)로 말하면 일본여관에서는 최하가 일박에 2원 50전이요 조선여관에서는 점심을 싸주고 일박에 1원 20전을 한다. 뿐만 아니라 조선인 여관에 들면 재봉(在奉) 조선인 각 단체나 언론기관과도 상호 연락을 취함에도 일층 편리할 것이다. 학생들의 경제를 위하야 수학여행의 진정한 효과를 위하야 금후에는 좀 더 고려함이 있기를 바란다.

- 봉천 일기자, 「조선인 학생의 만주 수학여행」, 『동아일보』, 1931. 5. 7.


기자의 논설에서 일본인과 조선인이 운영하는 여관의 가격이 두 배 넘게 차이 난다는 사실을 알 수 있다. 그런데도 학생들이 만주에서 일본인 여관에 묵을 수밖에 없었던 이유는 관광 안내소에서 소개하고 연결해주는 여관이 대부분 일본인 여관이었기 때문이다. 봉천의 풍용대학 유학생은 『조선일보』를 통해 조선학생들의 봉천 수학여행을 비판한다. 그는 수학여행이 일본여관에 투숙하여 싱거운 일본 음식 먹기로 시작하여 일본인의 세력을 아는 것으로 그쳐서

는 안 된다고 경고한다. 그는 수학여행에서 조선학생이 중국을 알고 가야 할 것이라고 당부한다.[44]

만주를 찾았던 양정고보의 한 학생은 봉천에서 조선인이 운영하는 '경성여관'에 투숙하며 조선식 상차림을 맞고 기뻐했던 기억을 기록한다. 그는 조선식 밥이 유달리 달게 느껴지자, 그것이 '국가에 대한 애착심 때문일까?' 하고 자문한다.[45] 타지에서 먹는 한국 음식이 유난히 꿀맛인 것은 예나 지금이나 마찬가지다. 그러나 자신의 입맛에 놀라 애국심까지 떠올린 당대 학생의 모습에서 지금 이 시대에는 찾아볼 수 없는 진지함이 느껴진다.

여행객의 증가에 따라 신문과 잡지에는 여관 광고가 늘실렸다. 대부분의 광고는 주소나 전화번호를 밝히는 정도였지만, 사진을 넣거나 화려한 광고 문구를 넣어 이목을 끄는 광고도 있었다. 이럴 경우 대부분 신식 설비, 친절한 안내, 위생 등을 강조했다. 수학여행철에 단체 손님을 놓치면 여관의 손해가 컸기에 여관들의 경쟁이나 상업적 횡포는 일제강점기에도 있었다. 대표적으로 여관의 위생 문제는 학생 기행문에서도 자주 등장하는 것 중 하나다. 그래서 1910년대부터 제대로 시설을 갖추지 않은 채 손님에게 비위생적 식사를 주고 돈을 받는 여관주인의 상업 행위는 처

경성의 동양여관 광고. 최신 설비를 갖추고 친절한 시내 안내를 하는 민중 본위의 숙박시설임을 강조했다.
- 백관수, 『경성편람』, 홍문사, 1929.

벌의 대상이 되었다.[46]

현재도 화려한 사진을 믿고 떠났다가 여행지 숙소에 속은 기분을 느낀 일은 비일비재하다. 광고는 광고일 뿐, 백년 전 학생과 교사 역시 여관에서 많은 불편을 느낀다. 개성의 송고(松高) 2학년생 130명은 1935년 5월 31일 인천으로 수학여행을 떠난다. 학교 측에서는 인천부에 의뢰하여 용리(龍里) 237번지 모 여관에 숙박을 정했다. 그런데 여관에서는 학생들을 한 방에 13명씩 몰아넣고, 저녁도 7-8명을 한 상에 차려 준다. 학생들은 '푸대접'에 항의하듯 밥을 먹지 않고 다른 여관에 숙박한다. 그러자 학교 서무주임은 밥은 먹지 않았으나 식비를 물어 주러 여관에 문의하자 여관 측에서는 인당 60-70전을 청구한다. 학생들이 투숙하지 않고 밥도 먹지 않았는데 여관에서는 장삿속에 터무니없이 비싼 가격을 부른 것이다.

이러한 여관의 바가지 횡포를 알게 된 인천경찰서는 인당 25전으로 금액을 조정하여 준다. 또한, 경찰은 이 여관이 정원 초과로 영업법을 위반했으므로 영업 취소시키거나 엄중히 처벌하겠다는 의사를 밝힌다.[47] 수학여행철을 맞아 한몫 잡으려 했던 여관은 손님도 놓치고, 악명도 떨치고, 법적 책임까지 감당하게 되었다. 청소년의 입맛을 공략해야

旅客に親切衛生本位の長頃旅舘

『부산일보』(1933. 5. 15)에 실린 장항여관의 전경.
'여객에게 친절한 위생 본위의 장항여관'이라는 문구가 눈에 띈다.

시장에서 살아남을 수 있다는 경영 전략은 예나 지금이나 변함이 없는 진리다.


## 수학여행지에 경주가 없다?

1910년대 『매일신보』를 보면, 수학여행 관련 기사는 지역란에 실리는 경우가 많다. 기사의 내용은 해당 지역을 수학여행으로 방문한 학생들에 대한 소개 외에도 수학여행 문화 전반을 다루고 있다. 이처럼 신문의 지역 소식은 해당 지역의 주요 이슈를 알릴 뿐 아니라, 지역 공동체문화를 부각하고, 생활정보를 게재하여 지역의 활성화에 이바지한다. 그러므로 수학여행 관련 기사를 내보내는 일은 그 지역 자연과 문화적 특성, 산업발전의 상황이 다른 지역 학생들의 여행지로서 가치를 인정받고 있음을 드러내는 상징적 행위이다.

당시 수학여행 장소는 당일에 도보로 갈 수 있는 곳부터 내지와 만주까지 매우 다양하였다. 조선 내 여행에서 살필 수 있는 것은 경인선, 경부선, 경의선, 경원선이 지나는 지역으로 목적지가 정해졌다는 점이다. 경성, 인천, 수원, 평양, 개성 등지가 대표적인 여행지이다. 일본 여행에서는 도카이도선(東海道線), 산요선(山陽線), 규슈선(九州線), 만주 여행에서는 봉안선(奉安線)의 철로를 따라 수학여행의 명소가 정형화되었다.

경부선은 개통된 해에 부산―시모노세키 간 관부(關釜)연락선(1905)을 통해 일본의 철도와 연결되었다. 시모노세키에 도착한 연락선은 고베―도쿄를 잇는 산요선 및 도카이도선 등과 연결되는 한편, 반대로 한반도를 종단하는 경부선, 경의선를 거쳐 만주의 안봉선과 접속되었다. 학생들의 심상지리는 이 중요 교통로를 따라 확장되었다고 해도 과언이 아니다. 이와 같은 양상은 조선을 찾은 일본 학생들에게도 마찬가지다. 경성, 인천, 부산, 평양은 일본 학생들이 조선에 수학여행 와서 가장 많이 시찰했던 곳이다.[48]

지금의 우리에게 수학여행지로 가장 대표적인 장소는 경주다. 그런데 1920-30년대 수학여행에서 학생들이 자주 찾는 명소 가운데 하나도 경주였다. 그러나 초창기인 1900-1910년대 수학여행의 장소로 경주를 찾아보기가 어렵다. 경주의 유명한 석굴암이 일본인에게 발견된 것이 1908년경이며 이것을 계기로 소네 아라스케(曾禰荒助) 부통감이 1909년 4월 26일에 석굴암을 방문한다. 소네는 건축가 세키노 다다시(関野貞)에게 현지 조사를 의뢰했고, 석굴암은 1913-

1915년 사이 해체 수리과정을 거친다. 이후 일본에 의해 1921년에 금관총, 1926년에 서봉총이 발굴되었다. 서봉총의 경우, 스웨덴 황태자이자 고고학자인 구스타프 아돌프 6세(Gustaf VI Adolf)가 발굴에 참여한 것을 기념하여 스웨덴(瑞典)의 '서(瑞)'자를 고분의 이름에 넣었다고 알려졌다.

이러한 경주 유적지의 사진은 조선총독부가 조선 통치의 성과를 드러내기 위해 만든 사진첩, 조선총독부 철도국에서 발행한 지도나 소책자 등을 통해 유포됐다. 경주 수학여행이 1920년대에 이르러 활성화된 데에는 철도 개통 문제도 관련되어 있다. 경주역은 1918년 경동선 하양—포항 구간이 개통되면서 영업을 시작했다. 그 이후 1921년 경동선 경주—울산 구간이 개통된다. 1920년대 경주로의 여행 붐은 이처럼 고적의 발견과 철도 개통문제와 연결되어 있다. 기존의 수학여행 관련 연구에서는 경주가 대표적인 명승지로 언급되지만, 경주는 이와 같은 경로를 거쳐 명성을 얻었다.

경주가 유명해지기 전, 1900년대 초에 학생들이 많이 찾은 여행지를 순서대로 정렬하면 경성, 개성, 인천, 평양, 수원, 진남포 순이다. 수학여행지에서 주목할 수 있는 것은 역사 유적지, 철로와 항구 주변으로 발전한 신도시가 여행지로 많이 선택된다는 점이다. 역사 유적지의 선택은 일제의 초기 교육 방침과 관련된다. 이 시기 역사 교육에서는 고대 일본과 조선의 관계를 일본 역사에 비추어 설명하는 것을 강조했다. "수신과(修身科)의 역사적 재료로서 고대 내지(일본)와 조선과의 깊은 관계가 있던 사실을 우리 국사(일본사)에 비추어 설명하는 것이 가장 바람직하다"[49]는 교육 잡지의 사설에서도 그것을 알 수 있다. 그러나 조선인에게 유적지는 국가의 상실과 이를 회복하려는 노스탤지어의 장소이다.[50] 그러므로 고도(古都)에는 제국과 식민지인이 정체성을 찾으려는 욕망이 길항할 수밖에 없었다.

학생들은 역사적 도시에 가더라도 인근 신도시의 근대 시설물도 방문했다. 수원, 인천, 마산, 목포, 부산, 신의주, 진남포 등이 그곳이다. 학생들은 이곳에서 권업모범장, 원예모범장, 측후소, 제염장, 광업소, 제조소 등과 같은 근대의 산업시설들을 시찰하고, 급속하게 변화하는 조선의 모습을 목격한다. 일본이나 만주를 여행하더라도 여행지와 일정은 비슷한 양상을 띤다. 이처럼 당시의 수학여행지는 일본의 문명화를 체험하고, 조선이나 만주의 문명화에 일본이 기여한 바를 증명하는 장소이다. 이 장소에서 학생들이 느끼는 감정과 비판의식은 인솔자의 역할과 여행지에 따라 다르게 나타난다.

**청년이여, 사마천과 다윈이 되어라!**

수학여행을 권하는 사회적 분위기 속에서 신문이나 잡지와 같은 미디어도 독자인 학생의 여행에 방향성을 제시하는 인솔자의 역할을 하였다. 잡지 『소년』에서는 열다섯 살의 양영학교 보통과 졸업생 최건일을 가상의 인물로 내세워 여행의 중요성을 설파한다. 학교 강당에서 이루어진 강연의 형태로 진행되는 이 글에서 화자 최건일은 우리 민족이 나약한 것이 "여행성(旅行誠)이 감퇴하여 모험과 어려움을 싫어하게 된 까닭"[51]에 있다고 말한다.

그는 '쾌소년(快少年)'의 도래를 위해서는 조선인이 '여행을 싫어하는 경향'을 버려야 한다고 단언한다. 그리고 "자식 글은 가르치고 싶어도 구경 다니는 꼴 보기 싫어 그만두겠다"는 말을 조선인의 경향을 보여주는 예로 든다. 일종의 세대론을 포함한 글을 통해 그는 신조선을 건설하기 위해서는 여행을 중시하는 마음이 필요하다고 강조한다. 그리고 학생들의 여행을 부정적으로 바라보는 구세대의 시선을 교정해야 한다고 당부한다.

그외에 신문기자들은 수학여행에 대한 논설을 싣고, 그 여행에 거는 기대감을 나타낸다. 기사에서 교외 학습활동인 수학여행을 민족적인 것으로 만들고, 논설에서는 반복적으로 학생들의 여행을 '사마천'의 여행에 비유한다. 당시 이와 같은 담론을 생산하며 매체는 학생을 통제하고 특정 유형의 여행자로 만들어 내었다.

예시로 『황성신문』에 보성중학교 수학여행과 관련한 '논설'이 실린다.[52] 논설의 필자는 동양에서 중국의 금릉(金陵)과 대한제국의 평양을 제일강산이라 하는데, 금릉보다 평양이 우월하다고 강조한다. 그는 평양에서 볼 수 있는 대동강, 능라도, 부벽루, 청류벽을 언급하고, 평양을 '삼성고도(三聖古都)'라 일컫는다. 그리고 단군, 동명성왕, 광개토왕과 같은 옛 성인의 '유화(遺化, 남기신 가르침)'와 을지문덕 같은 '영웅의 고적'을 추모하고 상상하라고 권한다. 그는 요동의 개평(盖平), 관서의 평양, 지금의 한양인 옛 남평양을 환기하며, 이 지방의 여행이 대한의 남자에게 세계에서 활약할 지기(志氣)를 일으킬 것이라 말한다. 이와 같은 논리는 당대 학생들이 평양을 과거의 장소로 한정 짓지 않고, 앞으로 일어날 사건의 발상지로 인식하게 한다.

『황성신문』에 실린 「보성학교 수학여행」은 일종의 여행 권고문이다. 기자는 학생들에게 여행을 권하며 사마천의 문장이 명산대천(名山大川)에서 비롯한 것임을 알린다. 그는 학교에서 수업 시간에 배운 세계의 지리를 탐험하는 것이

「보성학교 수학여행」, 『황성신문』, 1909. 5. 9.

「우리 대한의 학생에게 청국의 하기 여행을 권함」, 『황성신문』, 1909. 7. 27.

현재에는 몽상에 불과하지만, 평양 여행이 학생들에게 쾌활함과 개척 정신을 일깨우는 장이 될 수 있다고 주장한다. 평양의 가치를 강조하는 그의 목소리에서 당대 조선인들이 수학여행을 민족 역량의 재발견 경로로 인식함을 알 수 있다. 그는 우리의 역사에서 영토를 가장 넓게 확장했던 시대를 환기한다. 그리고 보성학교 학생들이 여행을 통해 세계 속에서 활약할 기운을 얻을 수 있길 염원한다.

여기서 옛 도시로의 수학여행은 한민족의 위대했던 역사를 발굴하여 과거의 성지를 '순례'하는 일이 된다. 학생들은 기차의 속도감을 느끼며 고대의 광활한 영토를 상상하는 기이한 체험을 했다. 이동하는 기차 안에 있는 여행자는 차창 밖의 풍경을 전체적으로 보지 못하고 단편적으로 기호화해서 본다. 이처럼 근대 관광은 하나의 이미지를 보는 행위일 수밖에 없다.[53] 이때, 여행 담론이 알려준 특정 장소에 관한 이미지는 학생들에게 전이되어 단편적인 이미지를 재구성하는 역할을 한다.

또한 신문의 논설은 해외 수학여행을 권하기도 한다. 『황성신문』 1909년 7월 27일자 논설에는 청국으로 수학여행 갈 것을 권하는 내용이 담겨 있다.[54] 논설은 여름방학을 맞아 본국에 돌아와 강습소를 열거나 운동부를 조성한 일본 유학생들의 이야기로 시작된다. 기자는 이들이 '한국의 영예'를 알리고, '제이국민(第二國民)의 활발 건전'함을 보여 주었다고 칭찬한다. 그리고 유학생들이 '동포를 각성하고, 조선 혼을 발휘'하는 일이야말로, 시대정신에 적합한 사업이라 말한다. 일제강점 말기의 '제이국민'이 식민지의 신민, 즉 조선인을 지칭하는 용어로 쓰이는 것과 달리 이 시기의 제이국민은 어른과 대비되는 미성년을 의미한다.

기자는 학생들이 중국을 '일로대국(一老大國)'으로 여기고 연구하지 않는 현상에 개탄한다. 그는 대한제국의 미래가 청국과 밀접한 관계를 맺고 있기에 청국과 '국민적 교제'를 행해야 하는데, 그 첫 번째 방침으로 '양국의 학생 교제 문제'를 든다. 이 글은 당대 청년들의 관심이 일본으로 기울어진 것을 경계하고, 청국과의 관계 속에서 조선의 불안한 상황을 타개하려는 구국 욕망을 담고 있다.

기자는 대한제국의 학생들이 청국을 '노쇠한 나라'로 도외시하기보다는 청국의 '국정(國情)과 인심과 관습을 연구하여 국제상 지식을 함양'할 것을 권한다. 그리고 청국의 청년과 운동에 협동하고 학식을 교환하여 우의를 돈독히 하면, 나중에 '국민적 활동'을 행할 때, 서로 '동정'을 표하게 될 것이라 예견한다. 논설에서 학생들은 국민의 한 사람으로,

수학여행은 국제적 교섭 활동으로서 의미를 획득한다.

또한, 기자는 수학여행의 증가 현상을 '학계의 정도가 발전하는 기상'이라 해석한다. 그는 명승고적과 산천초목을 직접 보고 경험하는 일이 학생들의 '학력' 증진으로 발현될 것이라 예견한다.[55] 그리고 여행에서 견문을 넓히고 자료를 수집하여 『사기』를 썼던 사마천의 예를 들어 학생들의 여행을 축하한다.

『황성신문』같이 수학여행의 도정을 사마천의 답사[56]에 비유하고, 조선과 청국의 관계 안에서 수학여행을 국가적 이벤트로 부각하는 관점은 1910년대 잡지 『청춘』(1914-1918)에서는 찾아보기 어렵다. 이것은 청국(중국)과의 정치적 관계를 염두에 둔 1900년대 초기 수학여행의 특성을 잘 드러내는 대목이다.

기사에서 인용한 『사기』는 전설의 요순, 하, 은, 주 시대부터 기원전 90년 전한의 황제 무제까지, 약 2000년의 역사를 기록한 역작이다. 사마천은 중국의 역사적 유적지, 중요한 전쟁의 격전지, 위대한 인물의 고향을 방문했고 그 지역에 남은 문헌을 모았으며 사람들을 만나 나눈 이야기를 기록하기도 했다. 그의 여행은 사실 유람이나 관광과 다른, 역사의 현장을 돌아보는 답사의 성격이 강했다.

『사기』는 하나의 문학작품으로 평가해도 될 만한 문필과 정확한 사실의 기록, 기존 학파에 구속받지 않는 자유로운 의식으로 사마천을 중국 사성(史聖)의 반열에 올렸다. 기자가 조선학생의 여행을 사마천의 도정에 비유하는 것은 그가 광범위한 조사와 긴 집필 시간을 스스로 감내하며, 누구도 강요하지 않은 역사 쓰기를 신념으로 삼았기 때문일 것이다. 그의 여행은 현실 도피나 단순한 향락이 아니라, 역사서 집필을 위한 의지를 실천하고 그 목표를 달성하기 위한 과정이었다. 기자는 사마천의 여행을 빌려 조선학생들의 여정에 공공성을 부여했다.

1910년대 중반에 이르면, 여행에 거는 민족적 기대감이 일본에서 유입된 '자아의 문제', '수양론'과 결합한다. 메이지 말기부터 일본에서 고양된 수양론은 자아확립이란 문제를 가진 젊은이들의 요구와 국가 형성의 기본 단위 양성이라는 일본 근대 국가의 목표에 부합했다. 인격수양을 위해 중요한 요소로 제시되는 것은 '입지'와 '노력'이었다. '노력'의 구체적인 방법으로는 '독서', '공부', '여행', '운동'이 언급되었다.[57] 최남선이 주도적으로 발간한 잡지『청춘』에 실린 여행 관련 담론은 이 맥락에서 이해할 수 있다.[58] 이것은 현재의 자기 계발과 크게 다르지 않다. 역시 자기 수양의 방법은 시대가 바뀌어도 쉽게 달라지지 않는다.

최남선은 1917년 7월에 발표된 『수양과 여행』에서 여행을 "백과(百科)와 만능(萬能)을 겸한 일대 조직적 운동"이라 명명한다. 그리고 그는 '사마천, 바이런, 아리스토텔레스, 헤로도토스, 마호멧, 콜롬보, 찰스 다윈'과 같은 인물들이 모두 여행을 통해 수양하고 업적을 이룬 인물임을 강조한다.[59] 세계의 위인을 한데 묶는 '인격수양'의 사상은 학생들에게 위화감 없이 녹아들 수 있다. 이처럼 여행의 중요성은 일찍부터 자기 수양론과 결합하여 재구성되었다.

## 수학여행의 인솔자란?

수학여행 관련 신문기사를 보면, 학교와 학생, 그리고 학생을 인솔하는 '영솔자(領率者)'가 항상 언급된다. 아직 여행의 경험이 많지 않거나 생애 첫 여행을 떠나는 학생들에게 인솔자는 무엇보다 중요하다. 영솔자는 처음부터 수학여행을 기획하고 실천한 교사, 여행지에서 학생들에게 고적을 설명하는 안내자를 포함한다. 그들은 새로운 환경에서 학생들을 보호하는 역할뿐 아니라, 교과서로만 접했던 명승고적에 관해 설명하고 그것을 내면화할 수 있도록 돕는다.

특히, 수학여행이 일본 사범학교에서 시작되었다는 것을 고려할 때, 교사는 이미 수학여행의 이념을 내면화한 인물이라 할 수 있다. 그들은 교육자이면서 여행 가이드의 임무까지 수행해야 하는 두 가지의 정체성을 한 몸에 지니고 '교외수업'을 했다.

그리고 조선의 학생들에게 여행은 민족주의와 밀접하게 관련되어 있었다. 그러나 민족에 대한 기여만을 강조해서는 설득력을 얻기 어려웠다. '조선 안의 나'에서 벗어나 '세계 속 자아', '역사 속 개인'의 차원에서 여행은 재해석되어야만 했다. 수양론과 결합한 여행 담론의 영향을 받은 학생들은 여행의 장소, 여행을 이끄는 인솔자 그리고 자기에 대한 비판적 시선을 확보할 수 있게 된다. 그와 같은 상황에서 수학여행을 다녀온 인물로 소설가 채만식을 들 수 있다.

작가 채만식은 1918년 중앙고등보통학교에 입학해서 1922년에 졸업한다. 그는 잡지 『신동아』에 「수학여행의 추억」이란 제목의 글을 발표한 바 있다. 이 글은 '여행의 로만쓰 추억'이란 잡지사 기획에 의한 것이었는데, 그는 이 글에서 가난 때문에 여행다운 여행을 해보지 못했기에 여행에 대한 기억은 '수학여행'밖에 없다고 고백한다. 그리고 고등보통학교 2년급 때, 수학여행 다녀온 일화를 기록하였다.

그가 1918년에 입학한 것을 고려하면, 수학여행을 다녀온 때는 1919년이다. 채만식은 일화의 서두에 당시 부여군수가 친히 고적을 안내해 주었던 상황을 묘사한다.

그 고을 군수 W씨가 친히 고적을 안내 설명해 주는데 마침 평제탑(平濟塔) 차례에

"다른 사람은 경성 파고다공원의 사리탑(砂利塔)을 이찌반메(一番目)라고 하지만 나는 이 평제탑이 이찌반멘 줄 아오. 왜 그러냐 하면 이 평제탑은 가고-깡(花崗岩)이 도합(都合)이 굳게 잘 가다마루해서…"

이렇게 반 섞기 설명을 하고 있노라니까 후열(後列)에 섰던 대가리 큰 학생들이

"거참 말이 이찌반메로군!"

"연설 말씀이 도합(都合)이 좋소."

라고 흉내 입내를 내었다. 그러니까 씨는 그만 기가 죽어 끝에 설명은 얼굴이 붉어진 채로 어물어물해 버리고 말았다.

부여(夫餘) 구경을 마치고 목선(木船)으로 백마강(白馬江)을 내려 강경(江景)으로 올 도정(路程)을 세워 강변(江邊)으로 나왔다. 최두선(崔斗善) 선생이

"엿바우 보피떡이 유명하다지."

하고 우리에게 보찌떡 한턱을 내시던 것도 생각이 나고 이광종
(李光鍾) 선생이 대재각(大哉閣)을 감개(感慨) 깊이 설명해 주시던
생각도 난다.

- 채만식, 「수학여행의 추억」, 『신동아』 4권 8호, 1934. 8, 157면.

부여의 유적을 설명하면서 일본어를 섞어 말하는 군수의
모습에 학생들은 냉소한다. 채만식의 글에 나오는 '평제탑'
은 부여 정림사지 오층석탑이다. 당나라 소정방이 백제를
평정하고 이를 기념하여 1층 탑신 네 모서리 기둥에 글씨를
새겼는데, 일본인들은 그것을 빌미로 이 탑에 평제탑(平濟塔,
백제를 멸망시키고 세운 기념탑)이라는 오명을 준다. 그 탑을 소개
하던 군수가 일본어를 섞어 쓰자 학생들이 비판적인 태도
를 보인 것이다. 학생들의 목소리에 대한 군수의 반응은 '수
치'에 가깝다. 식민지 조선의 부여 군수는 조선인 학생들의
냉소 앞에서 조선인으로서 자기를 응시하게 된다. 언어와
역사의 혼종 상태를 몸소 보여 주었던 군수 W씨가 '설명을
어물어물' 끝내 버릴 수밖에 없는 이유가 여기에 있다.
그에 반해 '대재각'에 관한 이광종 선생의 설명은 채만
식에게 '감개' 깊은 기억으로 남아 있다. 대재각은 효종 8
년(1657) 영의정을 지낸 이경여가 송시열과 함께 병자호란

의 치욕을 씻으려면 청나라를 쳐야 한다는 상소를 올렸으나, 왕에게 거절당하고 청나라의 간섭 때문에 부여로 낙향한 역사를 간직한 곳이다. 또한, 대재각은 청나라에 인조가 항복하고 백성들이 전쟁의 고통을 겪었던 과거를 청산하려했던 재상의 의지와 결국 그 뜻을 이루지 못한 한이 서린 장소이다. 그곳에서 식민지 조선의 학생들과 인솔자는 자기를 응시했을 것이다. 역사 속에서 조선(인)의 현재를 돌아봤던 감회가 '감개'라는 단어에 응축되어 있다. 이광종의 말은 교사와 여행 안내자라는 두 가지의 정체성이 합일된 지점에서 나온 것이다.

이처럼 중앙고보 시절 수학여행에 관한 채만식의 추억은 특정한 사회·문화적 상황에서 실질적인 속박을 가하는 힘과 그에 대해 저항하거나 동조하는 힘을 보여 준다. 유적에 대한 군수와 교사의 설명은 학생들을 특정한 방향으로 생각하도록 이끈다. 수학여행에서 군수와 교사는 학생들을 보호하고 전문가로서 방문지의 주요한 특징을 알려 주는 '관광권력'[60]이라고 할 수 있다. 그들은 학생들이 봐야 할 것을 결정하는 동시에 보거나 체험되지 않아야 할 것을 결정한다.

이 시기 수학여행에는 민족 독립에 대한 열망이 신앙처

럼 작동했다. 그러므로 당시 학생들에게 수학여행은 민족의 역사를 추체험하고 조선의 새로운 역사를 기도하는 순례에 비유할 수 있다. 그 길에서 교사는 두 가지의 직업적 정체성을 요구받지만, 학생과 갈등관계에 놓이지 않는다. '신지식의 습득을 통한 문명화=조선 독립의 역사 쓰기'의 이념을 밑바탕에 깔고 있는 초기 수학여행의 이념이 인솔자와 여행자 사이의 거리감을 상쇄했기 때문이다.

## 여행의 완성은 기록!

1900-1910년대 수학여행을 다녀온 학생들이 남긴 여행기는 많지 않다. 수학여행 자체가 정착되는 중이었고, 이 시기에는 각 학교의 교지 발간이 일반화되지 않은 때였다. 일본으로 수학여행을 다녀온 학생의 기행문을 『대한흥학보』와 『매일신보』에서 발견할 수 있다. 또한, 계성학교의 교지 『계성학보』에 여행기 두 편과 여행가 한 편이 실려 있다. 오늘날처럼 당시에도 여행기를 쓰는 일은 여행의 이유를 자신에게 묻고 답하는 과정을 요구했다. 통감부나 조선총독부에서 수학여행에 대한 사유와 그것에 대한 보고를 필요로 했고, 학교와 학생 역시 여행의 당위성을 확보하기 위한 절

차가 필요했다.

누구와 함께 여행했는지, 무엇을 소비했는지, 여행지에서의 체류 시간은 얼마인지, 어떤 활동을 했는지, 어디서 숙박했는지 등을 기록하는 세심한 기술은 여행자에게 여행에 대한 정보를 쌓게 한다. 또한, 학생의 고백은 여행의 효과를 진정성 있게 기록했다는 인상을 지녀 수학여행 담론을 반복 생산하는 근거가 될 수 있다. 그러므로 수학여행과 같은 집단 활동과 그에 관한 기록은 관광을 일반화하게 한다.

학생들이 쓴 기행문에는 자신이 배워 알고 있던 것을 확인하는 지적 즐거움과 함께 여행지에 대한 감상이 덧붙어 있다. '알려지지 않은 것을 발견하는' 근대 이전의 여행과 달리, 학생들의 기행문에는 '잘 알고 있는 것을 발견하는 것'으로서 근대 투어리즘의 영향이 보인다. 학생들은 여행지에 관한 정보를 미리 입수하고 현지에서 이를 확인하는 체험을 한다. 여기에 여행지의 이미지가 재생산되고 보강되는 과정이 일어나, 수학여행지에 대한 독특한 감상이 나타난다.[61]

1909년 3월 『대한흥학보』 1호에 『에노시마 완경기(江之島玩景記)』가 실린다. 이 글은 1908년 9월 25일부터 3일 동안 일본 에노시마로 수학여행 다녀온 유학생이 쓴 한문체 기행문이다. 신바치(新橋) 역에서 집결하여 가나가와현(神奈川縣)의 후지사와(藤澤) 역에 도착하여 산행을 하고, 가타세(片瀬), 에노시마(江之島)의 신사와 가마쿠라 고시고에(腰越)의 류코우지(龍口寺) 등을 돌아보는 일정이 상세하게 기록되어 있다.

이 글의 서두에는 '사물을 봄에 방법이 있다. 익히 들어 알고 있으나 직접 목격한 바를 드러내고자' 한다는 글쓰기 의도가 담겨 있다. 필자는 기존의 지식을 토대로 여행지를 간단하게 묘사한 후에 700년 전, 몽골의 침입을 막아내면서 힘을 잃고 사라졌으나, 그 자리에 유적으로 남아 역사적 명소가 되어 버린 가마쿠라에 대한 자신의 소회를 간단하게 밝혀 놓았다. '이 땅의 사물들이 변하고 세월이 흘러 패업(霸業)의 땅이 적막강산이 되었다. 만물의 흥함이여! 느낀 바 있어 그것을 기록한다.'[62]

장소를 '의식적'으로 경험하면, 장소는 이해와 성찰의 대상이 된다. 일본 수학여행에는 학생들이 장소를 경험하고, 장소의 고유한 정체성에 반응하는 기제가 작동한다. 이 글에는 학생이 경험한 '의식적인 장소감'[63]이 드러나 있다. 그것은 특정 장소가 기쁨, 경이로움, 공포와 같은 감정을 일으킬 수 있으며, 식견을 가지고 경청하는 능력이 삶을 풍부하게 할 것이라는 기대감에서 비롯한다. 여기서 '식견을 가지고 경청함'은 명확한 '판단 행위이며, 자신의 기대와 새로운 경험을 대조'한다는 의미이다. 또한, 특정 장소의 모든 측면을 공감적으로 경험하려는 시도를 담는다. 그런 맥락에서 기행문 쓰기는 자신의 여행 경험을 기록하는 일이자 타인의 여행에 영향을 미치는 행위이다.

1909년 4월 『대한흥학보』 2호부터 4호에 걸쳐 실린 기행문은 닛코(日光)로 수학여행을 다녀온 고등상업학교 유학생 윤정하가 쓴 것이다. 그는 서두에 후일 닛코를 여행할 사람에게 소개하기 위하여 글을 썼다고 밝힌다. 여행의 경로를 세세히 기록하여 자신이 여행했음을 인증하고, 그것을 다른 여행자에게 정보로 제공하는 일은 지금의 우리에게 매우 낯익은 풍경이다. 미디어가 진화했을 뿐, 여행자의 과시 욕망이나 공유의식은 그때와 같다.

3일간 일본에 다녀와서 그는 학문 정신을 수양하는 데에 수학여행이 좋은 기회라고 언급한다. 그리고 동서와 고금을 넘나들며, 닛코의 풍경을 묘사한다. 이 글은 숙박 장소, 닛코의 역사, 명승지, 특산품을 나열하고 설명하는 방식을 취했다. 글의 말미에는 왕복 비용에 대한 소개도 한다. 이 기행문의 특징은 여행지에 관한 충실한 소개에 목적을 두고 있어서 감상이 거의 생략되어 있다는 점이다. 이것은 1900년대 초 기행문의 특징이기도 하다. 기행문에서 도쿠가와 이에야스(德川家康)를 모시는 도쇼구(東照宮)에 대한 설명을 다소 길게 서술했다. 일본의 메이지유신 후 사원(寺院)의 제도가 변경된 점, 도쿠가와 애국근왕(愛國勤王)의 정신이 강조된 점 등으로 미루어 보아 학생들이 일본의 역사적 변천 속에서 일본 신사문화를 이해하고 그것을 내면화했음을 짐작할 수 있다.

2호에는 도쇼구에 있는 조선종(朝鮮鍾)과 회등롱(廻燈籠)에 대한 언급이 있는데, 여기에는 '우리나라에서 부여한 것이라 함'[64]이라는 부연을 달았다. 도쇼구는 임진왜란 이후 국교회복을 바라는 도쿠가와 막부의 청원을 받아들여 조선통신사가 세 차례나 다녀간 곳이다. 일본은 에도 막부의 번성을 과시하고, 조선과의 친교를 청나라에 알리려는 목적으로 조선통신사의 닛코 방문을 권유했다. 그곳에 방문한 조선 유학생은 270여 년 전 조선의 왕이 우호의 뜻을 담아 일본에 보낸 선물을 본다. 그것은 학생에게 일본과 조선의 관계, 그리고 역사적 변천에 관해 생각하는 실마리가 되었을 것이다.

1914년 11월 19-20일 『매일신보』에 실린 「내지 수학여행의 감상」이라는 글은 식민지 조선의 유학생이 '내지'를 방문하며 조선을 응시한 내용을 담고 있다. 이것은 경성 북부 교원양성소 학생 정도준이 3주간 일본 수학여행을 다녀와서 쓴 글이지만, 여정을 전제로 한 '논설'처럼 느껴진다. 서두의 주된 내용은 수학여행에서 방문한 지역과 장소의 순차적 열거이다. 그에 대한 감상은 '내지 문명이 찬란하니 신기하여 내 시각에 닿고 신경을 자극하는 것이 적지 않다(內地文明之燦爛ᄒ니 或新或奇ᄒ야 觸吾視覺而刺我腦神者不爲不多라)'[65]에 집약되어 있다. 일본의 문명이 당시 학생들의 시선을 모으고, 감각을 일깨운 바가 많았음을 알 수 있는 대목이다.

여행의 경로를 따라가 보면, 학생들은 부산에서 배를 타고 시모노세키에 도착해서 히로시마, 오사카, 아마가사키, 나라, 우지야마다, 나고야, 안조, 시즈오카, 가마쿠라, 요코하마, 도쿄, 시노이, 마쓰모토, 오카야, 오쓰, 교토, 구레, 이쓰쿠시마, 도바타, 야와타, 오사토의 순서로 여행했음을 알 수 있다. 일본에서 주로 방문한 곳은 대학교와 교원양성소, 유치원, 근대식 공장, 시험장과 상품 진열관, 박람회 같은 문명화된 장소들과 신사이다. 그리고 잘 정돈된 공원을 산책하거나 유명한 온천을 들러 피로를 풀기도 한다. 글에는 야스쿠니 신사에서 일본 육군의 창설자 오무라 마쓰지로(大

村益次郎)의 동상을 보았다는 구절이 적혀 있다. 메이지 천황과 쇼켄 황태후의 어릉(御陵)에 참배하며 '폐하의 성덕을 복모(伏慕)'[66]하였다는 구절도 찾아볼 수 있다.

학생은 글에서 일본 문명이 발달한 이유를 물질뿐 아니라 정신계에서도 찾을 수 있다고 말한다. 그는 정신계를 유형적인 것(교육, 종교, 정치)과 무형적인 것(국민의 협동 단체심, 모험 진취심, 인내 지구력)으로 나누어 살핀다. 그리고 마지막에 이르러서는 자신도 '제국 민적(民籍)에 수효를 채우는 일인이나 제국을 유람하면서 조선 인민의 생활 빈핍'[67]이 제국의 상황과 현격히 다름을 느낀다고 말한다. 그러나 눈물이 흐르지 않고 노엽지도 않다고 고백한다. 그는 오히려 내지인의 경제 근면과 달리, 조선인은 인내와 근면이 없어 빈핍을 면할 수 없는 것이라 비판한다. 이와 같은 발언은 필자인 학생이 일본의 근대적 시설만을 보고 즐기는 데 머물지 않고, 민족 현실이나 조선의 낙후성을 직시하였음을 보여 준다.

학생은 조선을 부정적인 이미지에 가두고 식민주의 이데올로기를 자신의 여행기에 투영하였다. 그는 근대와 전근대의 이분법적 구조 속에서 자신의 심적 상태를 매우 확신에 찬 어조로 말한다. 경성에서 내지로 떠난 여행에서 학생은 동시대의 공간을 이질화하고, 그 안에서 일본 수학여행을 매우 의미 있는 것으로 기록한다. 이것이 당시 조선총독부가 교사양성소의 조선인 학생들을 3주간이나 내지(일본)로 보낸 의도이다.

그러나 학생은 거기에서 이야기를 끝내지 않는다. 그는 글의 끝에 구주를 답사하고 대사가(大史家)가 된 사마천과 함께 '달이문(達爾文)', 즉 다윈을 언급한다. 다윈은 세계를 일주하고 얻은 경험과 표본을 토대로 신학적 세계관에 대한 반론을 제기하고 진화론을 주장했다. 사마천과 다윈은 여행의 결과로 자신의 지식과 사상의 체계를 세운 인물이다. 기행문의 필자인 학생이 다윈의 사례를 덧붙인 것은 제국 일본의 문명 담론을 뒷받침하는 진화론의 영향 속에서 이해할 수 있다. 그는 일본 여행이 사마천과 다윈처럼 조선학생의 수양에 도움이 되길 바라며 글을 마무리한다. 이처럼 식민지의 학생은 세계적인 역사가와 과학자에게서 수학여행의 이상을 발견한다. 그 이상은 조선 청년의 역사적 의지와 진화에 연결되어 그가 앞으로 자신이 나아갈 길을 발견하게 한다.

계성학교가 발간한 『계성학교팔십년사』를 보면, 당시 대구에 있던 이 학교는 1915년까지 인근 명승고찰을 춘기 혹은 추기 원족 정도로 다녀왔으나 1916년부터는 수학여행을 떠나게 되었다는 기록을 발견할 수 있다.[68] 계성학교 학생들은 1916년과 1917년 수학여행을 다녀와서 여행기를 교지에 싣고, 창가의 가사를 지어 악보와 함께 게재하였다. 이와 같은 행위는 수학여행을 매우 기념비적인 것으로 만들어 준다.

교지에 실린 두 편의 여행기에는 여로에 대한 묘사가 주를 이룬다. 『계성학보』 4호에 실린 「춘계수학여행단실록(春季修學旅行團實錄)」은 '승차가 처음(ハチメ)'[69]인 학생들이 기차를 타고 나는 듯 부산에 가서 본 것들을 순서대로 정리한 글이다. 이 글에는 두 개의 시선이 교차한다. 하나는 역마산성의 돌도 '옛사람의 유적(古人之遺跡)'으로 볼 줄 아는 시선이고, 다른 하나는 기선기차와 전차전신기를 '과학의 별세계(科學之別世界)'로 보는 시선이다.

학생은 전기주식회사와 상품진열관 등을 관람할 때, '역원 안내의 분명한 설명으로 수학서책(修學書冊) 중 의문점(疑点)을 수 시간에 해득'[70]할 수 있었다고 고백한다. 이것은 수학여행을 오기 전 학생이 습득한 지식을 현실에 적용하며, 여행이 학습 효과를 낳았음을 보여 주는 부분이다. 무엇보다 여행기에는 부산의 번화함과 문명화에 놀란 학생의 심리가 잘 드러나 있다. 아래 제시한 사진 속 「부산여행가」에도 학생은 '조선 상업 중심지'인 부산을 돌아본 내용을 가사로 기록하고 끝에 '꿈' 같다고 쓴다.

1916년 창가를 작사했던 학생 이석낙은 1917년 수학여행 후에 여행기를 써서 교지에 싣는다. 그는 마산 창신학교 학생들과 야구 경기를 했던 일을 길게 묘사한다. 이는 수학여행이 지역의 경계를 넘나들며 학생들 사이의 공동체 의식을 일깨우는 데 이바지한 측면을 보여 준다. 그는 수학여행에서 '신구(新舊) 마산의 경계를 탐관(探觀)'[71]했다고 기록한다. 특히, 마산항의 기계공장, 대포, 병원과 장관실 등에 관해서는 관광자의 안목을 일깨우고 감상을 격동할 만하다고 평한다. 그리고 현동 시가의 도쿄양식 가옥의 화려함에 놀란 경험을 기록한다. 그의 기억에는 과거와 현재의 마산이 각인되어 있다. 이것은 수학여행에 내포된 제국의 이데올로기와 연결될 위험을 안고 있다. 저개발사회의 반대편에 일본식 신문명을 놓는 관점이야말로 일본의 교육적 전략이기 때문이다.

두 편의 여행기에서 알 수 있는 것은 학생들이 여행지에서 해군 대표, 교장, 목사 등 지역 인사의 환영을 받고 그들의 안내로 여행지를 돌았다는 점이다. 수학여행이 학교와 학교, 지역과 지역, 제국과 식민지를 잇는 매개체로 기능했

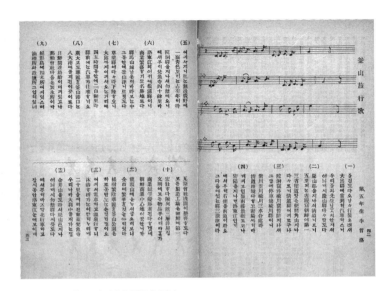

釜山旅行歌

第五年生 李晳洛

(一)
東萊溫井 누구누구 行裝을 차렷나
大邱驛에 集會하니 幾十餘名이라
우리들의 先生任도 가치하셧스니
어디를 가든지 모두 안심이라

(二)
嶺南線을 指示하면 車를 탓더니
다々르는 停車場이 몃々이든고
三省洞을 썩 지나서 釜山이로다
五里許를 告目하고 왼便을 보니

(三)
院洞驛에 倭館驛을 連絡하엿고
明治町의 佛家寺를 갓가히 보며
大邱驛의 大邱公園 徐々히 보고
宏壯하다 人民들의 茶屋가 만타

(四)
釜山부두 右便으로 海水가 보고
그다음에 保名房을 차젓노라

(五)
여긔서부터 旅館을 차젓노라
一面靑色 보기 조흔 靑山이라
釜山부두 찻고보니 十餘里라
商業繁盛 저々 漁場 번화하도다

(六)
洛東江을 건너여서 釜山口로
商業繁盛 저々 漁場 번화하도다
釜馬山이라 하는곳이 번화하도다

(七)
草梁驛에서 停車코 쉬기라
大旦坪에 다々르니 白新車라
廣大코 또 宏壯한 釜山口로다
八大港에 第一位라 하는곳이 로다

(八)
釜山항에 多々이 나려 보앗더니
洛東江에 繁々한 蒸汽船과
商業繁盛 저々 漁場 번화하도다
草梁驛의 停車場에 大陸으로

(九)
影島港과 造船所에 여러가지 스며
油槽所와 造船所에 다썻네

(十)
瓦斯合戰地圖가 繁華하도다
모든 製造工場을 繁昌케 한다
宏壯하다 人民들의 茶屋가 만타

(十一)
朝鮮商業中心地로 손을 꼽을가
龍頭山에 봉々이 서々을 하니
結構繁陰 그 가운데 釜山公園을
하로동안 노닐 소々한 景色이로다

(十二)
二十里를 차저 釜山까지 나와
쉬井山을 보고 또 水上飛行도
어디나니 水上飛行 山山보다
소々한 景色에 마음이 되었노라

(十三)
여긔서부터 보고보니 번화하도다
우리나라 大邱서 中等程度 나되여
釜山에서 보는 것을 우리에게 보며
니웃나라 日本을 뵈이노라 하네

(十四)
釜山歌와 造船所에 다썻네
余井山을 보고 또 北行車라
징시옹한이 洛東江에 보이네

던 정황을 알려 주는 부분이다. 여행의 말미에는 공통으로 만세삼창이 나타난다. 대한제국시대에 원족을 떠난 학생들은 애국가를 부르고 대군주 폐하를 향해 만세를 외친다.

그러나 나라를 빼앗긴 상태의 1910년대 학생들은 애국가 대신 교가를 부르고 학교를 향해 만세를 외친다. 이 부분은 학생의 치기와 흥분으로 차치할 수 있지만, 역으로 교지라는 공적인 매체에서 발휘될 수 있는 의기(義氣)의 최대치로 해석할 수 있다. 여기에는 여행을 함께한 친구와 교사에 대한 동질감이 강하게 개입되어 있다. 1900년대 초 조선의 문명화가 조선의 독립을 가져다줄 것이라 믿었던 신문화의 시대에 학생은 국가 대신 학교의 이름을 썼다. 이같이 '공부=여행=수양=실력 양성'의 신념 속에서 수학여행은 확산되었다. 그리고 학생은 여행을 통해 조선의 현재를 응시하며 신조선을 이끌어갈 주체로서 자기를 인식했다.

2부

수학여행지의
리얼리티

## 조선의 수학여행지

1920년대에 이르면 향학열의 증가로 입학난이 시작되고 학교의 수도 증가한다. 그만큼 학생들이 수학여행을 가장 많이 떠난 시기이기도 하다. 조선학생들은 주로 조선의 명승고적을 수학여행지로 방문했다. 그리고 여행지는 점차 일본과 만주로 퍼졌다. 대표적인 수학여행지는 경성, 평양, 인천, 개성, 진남포, 수원, 신의주, 경주, 금강산, 만주, 일본이다.

수학여행지는 일본의 식민지 개발정책과 고적 조사사업이 시행된 장소를 중심으로 구성되었다. 일제는 1910년 이전부터 조선에 대한 전면적인 조사사업을 전개하면서 식민지 경영을 효율화했다. 조선총독부는 1916년 '고적 및 유물 보존규칙'(조선총독부령 제52호)을 제정하고, 총독부 내에 '고적 조사위원회'를 두어 고적 조사와 발굴을 독점하고 통제하기 시작했다. 또한, 1921년에는 학무국 내에 고적조사과를 설치한다.

조사 지역과 조사 항목은 한반도 전역의 거의 모든 유물과 유적들을 포함하지만, 조사위원들은 일선동원론(日鮮同源論)과 정체사관(停滯史觀), 임나일본부설(任那日本府說) 등 식민주의 담론을 위한 지역을 선별해서 집중적으로 조사 발굴했다. 평양과 경주가 대표적이다. 평양은 과거 한반도가 중국의 지배를 받았다는 사실을 통해 타율적인 역사였다는 점을 강조하여 식민 지배를 합리화하기 위해 선택된 고구려 및 한의 낙랑군 시기의 지역이다. 경주는 동화정책의 토대가 된 일선동조론과 임나일본부의 존재를 물질적으로 증명하기 위해 선택된 신라시대의 지역이다.[72]

요즘 학생들은 수학여행을 떠나기 전에 간단한 인터넷 검색만으로도 자신이 방문하게 될 여행지에 대한 역사, 문화에 대한 정보를 쉽게 접할 수 있다. 아마 교사보다 더 빠르게 맛집을 찾고, 알차게 자유시간을 만끽할 수단을 취할지도 모르겠다. 지금으로부터 백 년 전의 학생들은 교과서나 여행안내서로 미리 명승지에 대해 학습하고, 여행지를 방문해서는 자신이 사전에 학습한 것과 실재를 비교해 보는 감각을 보여 준다.

근대 조선의 학생과 교사가 교과서로 활용했던 조선어독본과 당시에 보급되었던 여행안내서에서 수학여행지에 대한 지식을 찾아보는 것은 어렵지 않다. 제국에 의한 식민지의 지도 그리기는 장소를 균질화하고 수치화할 수 있다는 근대적 인식을 반영한다. 그것은 장소에 대한 소유와 재현의 욕망을 담고 있다. 또한, 공간을 식민권력의 대상으로 만들고, 나아가 공간 지배를 위한 담론을 만들어 내는 과정이다.[73]

이와 같은 식민 담론이 반영된 교과서의 내용을 읽으며, 학생들은 수학여행지에 대한 지식을 일차적으로 학습했을 것이다. 그리고 수학여행 중에는 그것을 비교하며 직접 확인하는 과정을 거쳤을 것이다. 그러면 당시 교과서는 수학여행지를 어떻게 조명했을까?『보통학교조선어독본』(1923~1925),『고등조선어급한문독본』(1915~1922, 1923~1925),『여자고등조선어독본』(1923~1928)에 보면, 수학여행지에 관한 글들이 실려 있음을 확인할 수 있다. 특히, 경성, 평양, 개성, 경주, 신의주, 금강산, 오사카, 교토, 도쿄, 후지산, 나라와 관련한 글이 두드러진다.

1910년대에 간행된 『고등조선어급한문독본』에는 도쿄, 오사카 등 일본의 역사, 지리와 관련한 글이 수록되어 있었으나, 1920년대 간행된 책에서는 생략된다. 교과서에 수록된 수학여행지 관련 글들은 각각의 장소가 명승지로서 갖는 역사와 특성, 그리고 가치를 부각하는 글들이 많다. 또한, 지명에 대한 전고 및 전설, 지역에 대한 묘사나 여행의 기록들이 대부분을 차지한다. 각각의 글은 특정 장소의 역사와 현재 변화 상황을 언급하는 내용으로 작성되어 있다.

또한, 삽화가 첨부되어 학생들의 이해와 상상을 돕는다. 당시 학생들은 교과서를 통해 특정 지역에 대한 여정과 그에 대한 정보를 접하고, 그 지역에 대한 지리적 심상까지 간접 체험했다. 그리고 교과서의 글은 학생들이 여행 후 작성하는 기행문의 모범이 되었을 가능성이 크다. 글들이 제시하는 지명과 소재들이 수학여행 여정과 일치한다는 점에서 더욱 그러하다.

조선어독본에 수록된 글에서는 자연보다는 '전통 유적'을 가진 '도시'들이 주로 언급되고, 그 도시의 '근대적 변화'를 감지하는 시선이 두드러진다. 이 때문에 철도 개통에 따라 개발된 지역을 여행 경로로 삼거나 조선총독부에 의해 건설된 신도시들이 집중 조명된다. 또한, 자연과 고적을 언급하더라도 그것이 일본 혹은 조선의 지리적 환경이나 역사 문화와 비교되는 경우가 많다. 여행지로서의 가치는 근대의 산업화 여부나 일본과 조선의 관계성 안에서 발견된다. 이는 명소라는 것이 자연의 미나 역사의 성스러움, 예술적 가치를 요소로 삼지 않고도 현재의 관점에서 인위적으로 창출될 수 있음을 보여 준다. 이와 같은 지정학적 특성은 수학여행지를 중심에 둔 설명문, 서간문, 기행문 모두에서 확인할 수 있다.

당시 교과서를 통해 학생들이 찾았던 여행지를 돌아보면 지금과 같이 경주가 가장 많다. 당시에도 경주에서 불국사, 석굴암, 첨성대, 안압지, 왕릉 등을 돌았다. 경주는 조선어독본뿐 아니라 일본어를 배우는 교과서였던 『국어독본』에도 자주 등장하던 지역이다. 『보통학교조선어독본』 5권에 실린 「신라의 고도」라는 글에는 경주가 가진 자연적, 문화적 아름다움, 그것을 일본의 고도 '나라'와 비교하는 시선이 담겨 있다. 글의 필자는 궁전과 사찰, 왕릉, 탑비 등을 보며 천 년 고적의 무량한 감회를 말하며, 첨성대를 '세계적 가치가 있는 동양 최고의 천문대'로 부각한다. 또한, 석굴암을 '동양예술의 자랑거리'로 극찬한다. 글의 끝에 이르러서는 신라의 역사와 문화적 가치를 일본 나라(奈良)문화에 비견한다.

> 경주(慶州)에 와서 연상되는 것은, 내지(內地)의 나라(奈良)이오. 나라(奈良)도 경주(慶州)와 동시대에 번성하던 구도(舊都)인데, 두 도시의 유전(遺傳)된 건축 미술 등이 상호 유사함을 보면, 상고(上古)의 내선(內鮮) 문명이 매우 밀접하였던 것을 알 수 있소.
>
> - 「신라의 고도」, 『보통학교 조선어독본』, 5, 조선총독부, 1924, 98쪽.

 교과서는 경주와 나라의 문화적 유사성을 강조한다. 무엇보다 일본의 내선문명이 상고시대부터 신라의 역사, 과학, 예술과 연관성이 큰 점에 주목했다. 이 글은 일본과의 관계 속에서 조선의 유적과 신문물이 학습되었던 시대적 정황을 반영하였다. 특히 학생들의 교과서는 일본이 식민지 조선을 어떻게 바라보고 학문적으로 재현했는지 보여 준다. 이처럼 조선적인 것들을 정밀히 조사하고 연구하여 교과서에서 보여 주는 것은 권력—지식 체계 속에서 학생들에게 근대적인 전시감을 심어 주는 일과 관련이 있다. 조선을 개방하고, 보이는 모든 것을 구분하고, 열거하고, 도해화하고, 도표화하고, 색인하고, 기록한 시도는 조선에 대한 학문적 규율이 정착되는 과정에서 만들어진다. 이와 같은 양상은 여행의 경로에서도 확인할 수 있다.

현재 중고등학생들이 수학여행지로 상상하기 어려운 개성과 평양은 일제강점기 학생들에게는 단골 여행코스였다. 우선, 개성을 살펴보자. 『고등조선어급한문독본』 4권에 실린 「개성」이란 글에서 개성역에 도착하기 전부터 강조되는 것은 개성의 인삼이다. 이처럼 해당 지역에 대한 지리적 관념은 공간체험을 앞당긴다. 교과서는 '세계적 명성을 얻은 고려인삼'[74]처럼 거대한 수익을 올리는 산물을 거듭 강조하여 '인삼하면 곧 개성을 연상하게' 한다. 그 다음에 강조되는 것은 개성이 '옛적에는 팔도 통치의 중심이며 문화의 원천'이라는 점이다.

이 기행문에는 '전조선 경제의 중추'로서 개성이 가진 '근대적 기분'과 '고려 왕궁의 옛터'를 간직한 '구도(舊都)의 유풍(遺風)'이 중첩되어 있다. 글쓴이는 고적을 구경하러 가는 길에 전매국출장소, 면사무소, 공립상업학교, 도로 등을 보며 개성의 변화를 강조하다가도 개성인들의 품위 있는 취미와 고려시대의 유적에 깃든 역사를 느끼면서 시적 은유에 잠긴다. 상업도시의 속도감과 고도(古都)의 역사성이 빚어낸 부자연스러운 공존은 역사적 장소의 갑작스러운 개발과 그것의 강압성을 생각하게 한다.

또한, 평양도 학생들이 1-2박의 일정으로 자주 찾았던 여행지다. 이곳에서 대동문, 을밀대, 연광정, 부벽루, 단군릉 등을 볼 수 있었다. 유적지와 함께 진남포와 신의주와 같은 신도시가 평양 수학여행 일정에 포함되었다. 평양은 만주 수학여행을 떠났던 학생들이 압록강을 건너기 전에 일부러 들러 여행하던 곳이기도 하다. 당시 교과서에 실린 「평양에서」를 보면, 글쓴이는 전설을 따라 기자(箕子)시대로 소급하여 대자연과 명승구적(名勝舊蹟)을 묘사한다. 그리고 그 속에서 '풍치', '시취(詩趣)'와 '경건심'[75]을 느끼는 여유를 보인다. 그러나 일본이 개발한 신도시 진남포에 이르러서는 '평양의 상업'이 이룩한 바를 소개하고 교통 정보를 제공하기에 여념이 없다. 이처럼 교과서 속에 기록된 수학여행지는 당시의 식민지적 상황과 신구(新舊)의 공간적 중첩을 담고 있다.

여행의 장소는 새롭게 만들어지기도 하는데, 신의주가 그 예다. 다른 지역이 과거와 현재의 변화 사이에서 관광의 가치를 창출한다면, 신의주는 그 현대성이 이국과 연결되어 지리적 확장의 가능성을 보여 준다. 『보통학교 조선어독본』 4권에 실린 「신의주에서」는 신의주의 형편을 편지 형태로 전한다. 이 글은 글쓴이의 내면보다 신의주를 모르는 사람에게 신의주의 지리·기후적 상황을 전하고 상업의 번창, 도로와 철도를 통한 지리적 확장, 개폐식 철교의 신기성, 영림창(營林廠) 사업 등을 소개하는 성격이 강하다. 글쓴이는 압록강을 중심으로 형성된 교역과 목재사업이 장관을 이루는 광경에 관해서도 소개하여 신의주가 근대 문물을 견학하기 위한 여행지로서 손색이 없음을 강조한다. 쉽게 접할 수 없는 신의주의 북방기후와 신문물은 다른 지역 학생들에게 생소한 공간에 대한 상상을 일으켜 준다.

경주, 개성, 평양과 더불어 금강산은 1920년대에 수학여행지로 주목받던 장소이다. 학생들은 경원선을 이용하여 금강산을 찾았다. 1921년에 남만철도회사(南蠻鐵道會社)는 금강산 탐승객(여행객)의 편의를 도모하기 위해 고산(高山)역과 금강산 간에 자동차를 운행하고 경원선 하차 역을 추가했다. 금강산의 만물상, 옥류담, 구룡연, 구룡폭포, 표훈사, 묘길상, 보덕암, 백운대, 명경대, 비로봉 등이 학생들이 주로 찾던 장소이다. 학생들은 며칠을 두고 금강산의 이곳저곳을 여러 코스로 나누어 돌면서 자연의 신비 앞에서 세속적인 삶을 돌아본다.

『보통학교 조선어독본』 5권(1924)에 실린 「후지산과 금강산」은 '우리나라 고래(古來)의 명산' 후지산과 '조선의 명산'

금강산의 지리적 환경과 산세의 아름다움을 비교한 글이다.[76] '우리나라의 명산'이라는 표현에서 알 수 있듯이 당시 교과서는 두 산이 가진 웅장함과 심오한 아름다움을 강조하되, 그것이 모두 일본이 가진 '세계'적 아름다움임을 부각하는 데 목적을 둔다. 그러나 조선학생들에게 금강산은 민족의 명산이면서도 무엇의 소유라고 하기에는 세속을 초월한 거대한 자연이다.

1924-25년에 발표된 이광수의 소설 『재생』에서 주인공 순영은 이화학당 여학생의 신분으로 부호 백윤회의 첩이 된 후 자살에 이른다. 순영의 비극은 육체적 순결을 상실하는 것이 영혼의 타락과 동일시되었던 시대적 정황과 결부되어 있다. 순영의 자살 사건은 장소의 지정학적 측면에서도 주목된다. 그녀가 자살을 한 곳은 금강산 '구룡연'으로, 그곳은 당대 조선학생들의 수학여행 단골코스 중 하나다. 소설에서도 금강산은 학생들의 여행지로 나온다. 순영이 구룡연 가는 길에 수학여행 온 모교 학생들을 만나는 것은 우연한 사건이지만 당시 상황에서는 가능한 일이다.

소설에서 금강산은 순영이 인간으로서 자연 앞에서 느끼는 숭고함의 최대치를 경험한 곳으로 그려진다. 동시에 그곳은 순영이 미션스쿨인 모교의 사람들과 만남으로써 과거와 달리 도덕적으로 타락한 자기를 응시하는 장소이기도 하다. 그녀는 자신과 눈먼 딸을 바라보는 이화학당의 학생과 교사들의 호기심, 동정 어린 시선 앞에서 수치심을 느낀다. 그리고 그녀는 금강산에서 학생들이 부르는 찬송가(Where He Leads Me)를 듣고, 과거의 자기를 떠올리며 피눈물을 흘린다.[77] 이때, 금강산은 순영이 자기를 단죄하는 장소가 된다. 이광수는 금강산을 인간의 모든 허물을 감싸는 거룩한 공간으로 그려내는 동시에 그곳의 자연을 민족애 혹은 인류애로 환치한다.

## 수학여행지 1위는?

1900년대 초부터 일제강점 말기에 이르기까지 학생들이 경주, 개성, 평양, 금강산보다도 많이 찾았던 여행지는 바로 '경성'이다. 특히, 경성은 지방 학생들이 가장 많이 찾았던 수학여행지다. 각 지역의 학생들이 이곳에 와서 말로만 듣던 근대 문물을 체험하였다. 경성에서 박람회나 공진회와 같은 행사가 열릴 때 학교 측에서는 전시장 구경을 여행 일정에 넣었다. 학생들은 남대문, 동대문, 경복궁, 덕수궁, 청계천, 파고다공원, 본정통, 백화점, 조선호텔, 조선총독부,

종로경찰서, 경성역 등을 돌아봤다. 요즘 서울 수학여행에서 롯데월드나 에버랜드가 하루 일정을 차지하는 것을 생각하면 격세지감이 느껴진다.

경성은 일본에 의한 근대화의 문제가 가장 극단적으로 드러나는 장소이다. 채만식의 소설 『탁류』(1937-1938)에서 초봉이를 서울로 데리고 가겠다는 제호의 말을 듣고, 초봉이는 수학여행 때 딱 한 번 보았던 서울을 떠올린다.[78] 그때 초봉이가 떠올린 것은 그녀가 본 서울이 아니라 '서울의 환상'이다. 초봉이의 경우처럼 수학여행은 조선학생에게 여행의 원체험이다. 거기에는 '여행지'와 '여행', 수학여행을 떠났던 '학생시절의 자기'에 대한 겹겹의 환상이 작용한다.

당시 교과서에 수록된 경성 관련 내용을 보자. 『보통학교 조선어독본』 3권에 실린 「경성」에는 경성의 인구, 지리적 환경과 제일 유명한 장소인 남대문과 동대문 조선총독부를 비롯한 관공서, 상점, 교통 등이 언급되어 있다. 교과서의 내용은 경성의 역사에 집중하기보다는 현재 경성이 얼마만큼 근대화되어 있으며, 번화하게 되었는지에 초점이 맞춰져 있다. 『여자고등조선어독본』 4권에 실린 「경성 숏구경」에는 관광객으로 만원을 이루는 옛 궁궐의 모습이 자세하게 묘사되어 있다. 일제에 의해 동물원과 식물원이 만들어

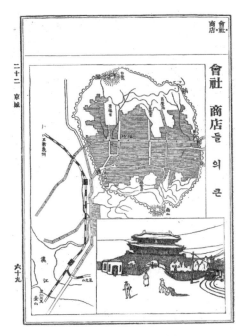

『조선어독본』 권3(1923) 22과 경성.

지고 창경원으로 격하된 창경궁은 벚꽃놀이의 장소로 조명된다. 고려시대부터 이어진 창경궁의 역사는 '꽃구경의 취미'를 더하는 주변적 요소가 되어 버린다. 조선 명승지에 대한 조선총독부의 기록은 글의 종류에 상관없이 정보 주입에 목적을 두고 있다.

그것은 일종의 '기념적 서술'의 계보로서 주목할 수 있다.[79] 일제가 조선의 세부 사항을 꼼꼼하게 묘사하고 서술하는 방식은, 조선과 일본이 병합되었음을 알리고 조선 정복의 완결을 문서적으로 나타내기 위한 것이다. 이전에 '부재했던' 조선은 일본에 의해 '존재하는' 공간, 더 나아가 '발전하는' 공간으로 거듭난다. 학생들은 교과서에 실린 지도와 삽화를 통해 조선의 도시를 상상하고 욕망하되, 그보다더 발전한 제국 일본과의 연결성을 의식하게 된다. 수학여행은 이처럼 역사를 공간화하고, 발전의 이념을 시각화하려는 정치적 필요에 의해 유지되었다.

경성에 관한 조선학생들의 기행문에서 당시 간행된 여행안내서를 들고 수학 여행길에 오른 장면을 발견할 수 있다. 1922년 6월, 경성으로 수학여행을 떠난 아산공립보통학교 학생들은 '가야 할 순서(路順)의 정차장과 관람할 바 경성의 중요 처소가 박힌 인쇄물을 펴들고' 기차를 탄다. 그리고 학생들은 정거장을 지날 때마다 선생님이 설명하는 내용을 들으며 일일이 필기하는 모습을 보인다. 경성에 도착하여 남산에 오르고, 남대문을 돌아본 학생은 다음과 같은 감상을 토로한다.

이조(李朝) 오백 년 제도(帝都)이구나. 오늘날 삼십만이 거주하는 반도 유일의 대도시로구나. 일성일쇠(一盛一衰)는 사물이 바뀌고 세월이 흘러감에 따라오는 어찌하지 못할 운명 같다. (중략) 재래식의 고옥(古屋)은 물고기 비늘과 같이 처마를 가지런히 하여 땅에 붙였고 웅긋중긋한 양관(洋館)은 네 키가 크냐 내 키가 크다 경쟁을 하는 듯이 높은 하늘에 솟아 있고 성냥갑을 발라 세운 듯한 일본식의 가옥은 바람만 불면 날아갈 듯하다. 무명을 편 듯한 자유로운 길에는 구두 친구, 짚신 친구, 나막신 친구, 쌍코신 친구들이 짜는 듯 벼룩 뛰듯 먼지를 일으키고 돛대같이 늘어선 공장에서는 검은 연기를 토하고 똥땅거리는 마차 소리는 시골 생장(生長)인 우리 귀에는 꽤 시끄럽다. 이것은 즉 문명의 소리라. 아직도 부족하다. 더 시끄럽지 아니하여서는 아니 되겠다. 이런 광경을 보고 여러 가지 생각에 잠겨 나무 그늘의 시원함도 길이 쏘일 새 없어 점차 점차 왜성대(倭城臺)로 내려왔다. 이곳은 무른 것 없이 반도 정계(政界)의 두뇌인 총독부의 소재지

라. 부(府)를 옆 눈으로 슬금슬금 보며 본정 삼정목으로 나왔다.

- 강태수, 「수학여행기」 (2), 『매일신보』, 1922. 6. 14.

한양과 경성의 혼재, 시골 학생이 듣는 문명의 소리, 외국인에게 부끄럽지 않은 경성, 곁눈으로 본 조선총독부 같은 요소들은 식민지 조선의 학생이 경성을 보고 경험한 역사, 문화, 지리, 정치의 뒤섞임을 그대로 보여 준다. 학생은 이 광경을 보고 여러 가지 생각에 잠겨 나무 그늘의 시원함은 느낄 겨를이 없었다고 고백한다. 학생들은 경성안내서에 따라 경성의 명소(남대문, 남산공원, 본정, 명치정, 황금정, 조선은행, 파고다공원, 고등공업학교, 의학전문학교 등)를 돌아본다. 근대화된 경성을 돌아본 학생은 여행 중에 두 번이나 경성 꿈을 꾼다. 당시 지방 학생들에게 경성의 풍경이 어느 정도의 경이와 위화감을 주었는지 알 수 있는 대목이다.

학생들이 수학여행 중에 참고했던 경성안내서는 근대화된 경성의 시가지를 집중적으로 조명하되, 일본인과 외국인이 생소하게 느낄 수 있는 조선의 풍속을 관광 상품화했다. 이 때문에 경성은 타자에 의해 발견되고, 여행자가 호기심을 가지고 누릴 수 있는 영역이 되었다. 기행문은 지방의 학생이 경성이라는 도시를 통해 경험한 이질감을 드러낸다.

동시에 일본과의 문명적 격차에서 느낄 수밖에 없었던 정치적 현실에 대한 비애를 암시한다. 이것은 상품화된 여행 속에서도 제국의 논리를 줄곧 따를 수 없는 식민지인으로서의 면모이다. 이처럼 학생의 글은 당시 교과서와 여행안내서가 퍼뜨린 식민담론의 공공성이 어떻게 다르게 읽혔는지 보여준다.

당시 학생들이 보았던 여행안내서에는 무엇이 있었을까? 일본 철도원에서 발간한 여행안내서 *AN OFFICIAL GUIDE TO EASTERN ASIA: Manchuria & Chōsen*(1913)처럼 조선, 만주를 한 권에 소개하는 책이 있는가 하면, 사람들이 많이 찾았던 경성만을 다룬 여행서도 있었다. 『(신찬)경성안내』(1913), 『경성안내』(1915), 『사계의 조선(四季の朝鮮)』(1921), 『조선철도여행편람』(1923), 『경성안내』(1926) 등의 여행안내서는 공통적으로 조선을 '신내지'로 소개하고 있다. 일본인과 외국인을 대상으로 발간된 이런 여행안내서는 조선의 주요 명승지를 선정하는 기준 및 조선을 바라보는 외부적 시선을 포착할 수 있는 자료이다.

이들 여행서가 제시하는 주요 관광일정은 경성 시내의 고궁과 조선총독부가 만들어 낸 신식 건물, 청일전쟁의 잔재를 답사하는 것으로 패턴화되어 있다. 여행안내서는 관광지에 얽힌 전설, 조선의 낮은 문화 수준, 특이한 풍습 등을 첨가하여 여행지에 대한 호기심과 의구심을 유발하고, 여행의 '즐거움'을 창출한다.[80] 제국주의의 욕망은 조선을 유형화하고, 조선인들을 스테레오타입화하며 조선의 관광지를 자의적으로 규정하는 결과를 낳았다. 앞서 학생의 기행문에서 보았듯 학생들은 제국의 관점에서 발간된 이런 안내서에 따라 여행지를 돌았다.

여행안내서에서 '경성'은 과거의 조선과 현대의 조선 소개라는 두 측면으로 나눌 수 있다. 전자는 왕궁 소개로 과거의 시간 속에 묶여 있는 조선의 역사를 알게 하고, 후자는 일본에 의해 조선이 문화적 진보를 이룩했다는 내용과 현재 역사 주도의 주체가 일본이라는 것을 드러낸다.[81] 이러한 특성은 교과서에 수록된 수학여행지 관련 글들의 정치적 의도와 일맥상통한다. 일본에 종속된 조선의 처지를 부각했던 교과서와 여행안내서의 내용이 학생들에게 미쳤을 영향을 짐작할 수 있는 부분이다.

특히, 1913년에 간행된 『(신찬)경성안내』의 「오라 내지인!!! 오라 내지인(來れ內地人!!!來れ內地人)」을 보면, '소자본자(小資本者)'나 '무자본자(無資本者)'가 조선으로 모여와 '식민지의 분투적 개척의 일원되기'[82]를 기대한다는 내용이 있다.

『(신찬)경성안내』(조선연구회, 1913)의 표지.

『경성안내』(경성협찬회, 1915)의 표지.

『경성안내』(경성부교육회, 1926)의 표지.

이 글에서 경성은 '모국[일본]의 많은 생활난, 취직난으로 번민하는 무자력 무자본의 청년'에게 '용맹을 떨치며 활동'할 수 있는 희망의 땅처럼 그려져 있다. 이것은 여행안내서가 일본인에게 조선 이주나 투자 욕망을 자극하는 자료로 활용되었음을 알 수 있는 부분이다.

이런 선전에서 일본인은 조선을 여행하고 조선을 개척하는 주체의 위치에 서 있다. 광고는 일본인이 조선을 식민화하는 것에 대한 부정적 인식을 의도적으로 감추거나 없앤다. 그러나 안내서의 선전 문구를 본 조선학생과 교사의 마음은 어땠을까? 이처럼 당시 수학여행의 리얼리티는 바로 교과서나 여행안내서 속 명승지와 그곳을 방문한 학생의 시선에 비친 명승지가 다를 수밖에 없음을 인정하는 데에서 비롯한다.


## 여행의 교육적 효과를 증명하라?

교과서와 여행안내서로 미리 명승지를 돌아본 당시 학생들은 해마다 각 지방으로 수학여행을 떠난다. 각 학교에서는 수학여행 후 교지에 학생과 교사의 기행문을 싣는다. 이것은 여행 후 기행문을 쓰는 일이 하나의 교과과정이었음을 간접적으로 보여 준다. 1930년대 초에 일어나는 수학여행 존폐 논란을 고려할 때, 1920년대 수학여행에 대한 교육적 기대효과와 그에 대한 부응은 당시 교육계의 중요한 과제 중 하나였을 것이다.

학생 자신들로 하여금 미리 원족에 대한 계획을 세우게 하고 또 도중에 견학할 만한 곳을 조사 연구하게 하는 것이 좋습니다. 대자연(大自然)의 속에서 유쾌하게 걸어 다니는 것도 좋은 일이지만 동시에 지리(地理), 역사(歷史), 이과(理科), 인문(人文) 등의 모든 현상을 시찰하여 각종의 지식을 함양(涵養)하는 것으로써 원족의 주요 목적으로 하지 아니하면 안 됩니다. (중략) 원족 가는 어린 학생 자신들이 원족할 때마다 스스로 계획을 가지며 연구하게 하며 원족을 마친 후에는 자신들이 그 결과 즉 수획(收獲)을 정리(整理)하게 하는 것이 무엇보다도 급무입니다. 그리고 선생 되는 분은 원족을 전후하여 반드시 그들이 계획한 바와 또 원족한 후의 비평을 학생에게 자세히 일러 주어야 합니다. 그리하지 아니하면 하루 동안 놀리었다는 것 외에는 아무 소득도 없습니다. 학생의 부모들도 이 점에 대하여 그 딸이나 어린 아들을 원족 보내는 때 그 계획을 들어도 보고 갔다가 온 후의 소감도 들어보아서 잘못된 점이 있으면 교정하여 주는 것이 좋습니다.

(중략) 공책 연필 등은 잊어서는 안 됩니다. 가다가 듣고 보는 것을 일일이 기입하도록 하는 것이 무엇보다도 필요합니다.

- 「수학여행을 의의 잇게 하려면」(1), 『동아일보』, 1927. 10. 4.

　인용문은 조선 중등학교의 수학여행이 휴양과 쾌락을 넘어 역사, 지리, 이과, 인문 등 모든 현상을 관찰하고 지식을 함양하는 수단으로 인식되고 있었음을 보여 준다. 당대 조선 사회에서 기행문 쓰기는 여행의 연장선에 놓여 있었다. 그리고 그 여행을 완결된 형태의 학습으로 인지하게 하는 일련의 과정이었다.

　1930년 수학여행 문제에 관한 설문조사에서 휘문고보 교장 이윤주는 수학여행의 소득은 "착실한 생도들의 여행기"[83]를 보면 알 수 있다고 말한다. 재래의 수학여행 방식을 옹호하는 교사의 발언에서 기행문은 수학여행의 수월성을 측정하는 잣대가 된다. 『소년조선일보』의 기사 「잘하는 수학려행은 이런 것」[84]에서 기자는 각 지역의 고적과 인정 풍속을 공부하는 마음으로 관찰하고, 자연 풍경이 주는 감동은 기록하며 진기한 것은 기념물로 수집하라고 권한다.

　그는 '풍경'이 사람에게 유쾌와 슬픔을 줄 때 그림, 시, 동요, 작문 등으로 그 "'아름다움'을 표현(表現)"하라고 한다.

기자의 말 속에는 풍경을 대하는 주체의 미적 태도와 감정, 그것의 표현 문제가 담겨 있다. 조선의 많은 학교에서는 수학여행기나 여행 보고회의 기록을 교지에 실었다. 몇몇의 학교에서는 날짜별로 필자를 달리하는 릴레이 기행문[85]을 기획하여 긴 여정을 다수의 관점에서 조망한다.

여행 후에 학생들은 기행문 쓰기를 통해 교과서 내외의 지식을 자기화하는 경로를 거친다. 현대의 학생들도 수학여행을 다녀오면 기행문을 쓴다. 컴퓨터를 이용해 인터넷 검색을 해 가며 여행 전이나 당시에는 몰랐던 지식을 첨가하는 과정을 거친다. 자유롭게 찍은 사진을 넣어 SNS에 올리면 여행 후기는 전 세계로 퍼져 나간다. 1920-30년대에는 어땠을까? 참고할 자료가 많지 않던 시절, 학생들은 교과서나 여행안내서의 도움을 받아 여행을 재구성했다.

학생들은 자신이 쓴 여행기를 교지뿐 아니라, 신문 및 잡지에도 투고한다. 1910년대보다 학교도 늘어나고, 학교 단위의 행사가 급증함에 따라 교지라는 간행물은 상징성을 띠게 된다. 1920년대에 교지를 발간하고, 교지에 기행문을 실었던 학교는 배재고보(『배재』), 정신여고보(『정신』), 휘문고보(『휘문』), 중앙고보(『계우』), 일신여고보(『일신』), 경신고보(『경신』), 광성고보(『광성』), 보성고보(『이습』), 배화여고보(『배화』) 등이다. 교지 편집자는 '여행문', '기행(문)', '유력(遊歷)' 등으로 장르를 표시하여 다른 산문들과 기행문을 구별 짓는다. 수학여행과 기행문 작성의 관례는 당대 조선 사회에서 수학여행의 교육적 효과를 높이기 위해 소감문 작성을 유도한 데서 비롯된다.

특정 장소에 관해 서술하거나 기행문을 작성하는 일은, 일종의 공간 쓰기 및 공간 새겨 넣기라 할 수 있다. 공간이란 일정한 방식으로 생산되는 것이기 때문이다.[86] 공간은 언어적 시각적 매체를 통해 만들어진다. 묘사는 공간을 위상학적으로 재현하는 데 동원된다. 그러므로 교과서 읽기—수학여행—기행문 쓰기는 그 자체로 공간을 새롭게 창출하고 그 공간에 질서를 부여하는 일이다. 당시 학생들의 글쓰기는 식민화의 이념으로 기호화되고 상징화된 공간을 재구성한다. 여행기에는 특정 지리나 경관을 강조하는 지도나 교과서의 논리와 다른 질서가 작동한다. 장소들은 다양한 기억과 지각의 대상들로 경험되고, 질적으로 나타난다. 그래서 수학여행과 기행문 쓰기는 공간을 제도적으로 구획하고 경제적으로 사고하는 관점에 대항하는 방식이 되었다.

또한, 기행문 쓰기는 여행의 과정을 거쳐 이루어지는 문화적 활동이다. 글쓰기의 외적 계기, 글쓰기의 바탕이 되는 자료, 글쓰기의 구체적 전개 과정에서 모티프의 역할을 하는 것은 개인이 처한 세계 속에서의 경험이다. 여행은 오락, 감각, 지각, 구성, 성찰 등의 활동을 수반한다. '자신에 대해 알기'와 '자신이 어디에 서 있는지를 지도화하기'라는 정체성 확인 과정은 기행문을 쓰는 과정에서 반복된다. 여행기 쓰기(또는 읽기)는 여행에 대한 환상과 실제 체험된 현장을 비교, 탐구하는 방법이다. 이것은 권력—지식—지리의 지배적 편성에 담긴 모순에 관한 분석적 해부를 가능케 한다.[87] 그러므로 근대 교과서와 기행문은 제도와 개인들의 지리적 상상력 사이에서 발생하는 불협화음, 지리적 상상'들'을 고찰하는 경로가 될 수 있다.

학생들의 기행문을 바탕으로 당시 수학여행이 어떻게 체험되고 글쓰기로 나타났는지 살펴보자. 기행문은 '출발시의 기대감—기차 및 버스에서의 흥분—수학여행지에서의 감상—돌아올 때의 아쉬움' 등 여정에 근거해 서술된다. 기행문의 언어적 속성은 여행에서 동시적으로 본 것들과 그것을 기술하는 순서에 대한 고민을 낳는다.[88] 이 때문에 기행문은 장소별로 분류된 관광 안내서의 형식을 취하거나 날짜별로 쓰인 일기의 속성을 지닌다. 또한, 학생들이 기행문에서 자주 사용하는 '우미(優美), 화려, 웅장'[89]과 같은 단어들은 조선의 지리와 문화를 형용하는 말로 빠지지 않는 것들이다. 이 단어들은 조선총독부에서 발간한 『조선어독본』의 내용 가운데 일본의 자연과 문화를 수식할 때 활용되는 단어들이기도 하다.[90] 이것은 일종의 기행문의 상투어이다.

학생들은 형식적, 문체적 상투를 빌리되 '그곳이 어떤 장소가 되고자 했는지', '그곳이 어떤 장소이길 바라는지'를 생각하고 자기의 내면을 반영한다. 기행문은 장소가 지닌 의도와 장소를 향한 욕망을 서사화하는 작업이다. 그것은 일본인의 것일 수 있지만, 조선인의 것이기도 하다. 교과서와 여행안내서는 자신을 표상할 수 없는 조선인을 대신해 제국 일본이 조선에 대해 말한다는 일본식 오리엔탈리즘에 근거한 것이었다.

이에 반해, 기행문 쓰기는 조선인이 조선에 대해 말한다는 점에서 제국의 정치적 행위를 다른 방식으로 변용한 것이다. 학생들의 기행문에는 추상적이고, 은유적으로 만들어진 역사적, 민족적, 종교적 심상이 공간 재현에 동원된다. 기행문 쓰기의 방법에는 구체적인 것의 추상화, 연대기적 시간 흐름에 대한 변형이 담겨 있다. 또한, 학생들이 보여주는 '공간의 재현'은 기억에 의존한다. 그러므로 과학적인 공간 분석이나 총독부의 공간 묘사를 보완하는 의미가 있다. 그 보완은 기존의 여행서와 교과서에서 강조했던 논리를 전복하거나 다시 응시하게 해 준다. 학생들은 수학여행지에 대한 학습—실제 여행—과외의 지식 참조—쓰기의 과정을 거친다. 수학여행이 복수의 역사, 이념, 감정, 욕망이 서로 교차하는 지점, 즉 다중성의 장으로 기능했음은 수학여행기에 더 구체적으로 드러난다.

## 1920년대 수학여행기에서 조선의 운명을 읽다

교과서적 지식은 여행에서 어떤 방식으로 영향을 주고 다르게 인식되었을까? 우선, 1920년대 학생들의 기행문에서 두드러지는 것은 그들의 여정이 교과서 내용을 충실히 따른다는 점이다. 1923년 10월 『신여성』에는 '각 학교 여행기'가 수록되는데, 경성여자고보 학생의 기행문에서 '말로만 듣던'이라는 부사어로 시작하는 한 문단은 아예 『고등조선어급한문독본』의 「개성」이란 단원의 내용을 답습한 상태이다.[91] 굳이 이 작품이 아니어도 당대 학생들의 기행문에는 '이야기로 많이 듣던', '책에 많이 났던', '귀에 못 박히듯이 듣던'과 같은 표현이 자주 등장한다. 이는 사전에 학습한 내용을 직접 체험한 데서 드러난 감회이다.

여행지에 대한 지식은 여행 안내자의 말이나 여행 후에 찾아본 내용으로 첨가될 수 있다. 그러나 학생들은 '미술가'나 '일본인 박사' 등 권위자가 말한 조선 예술의 아름다움에 '자부심'을 느끼다가도 '말 못할 회고의 감(感)'을 시(詩)로 보완하는 방식을 취한다. 더 나아가 신라, 백제, 고려의 고도가 남긴 유물과 달리, 조선은 이제 후손에게 남겨 줄 것이 '수치'[92]뿐임을 한탄하는 모습을 보이기도 한다. 옛 수도의 역사성은 그 연속과 단절(혹은 탄생과 소멸)의 가능성 속에서 여행자가 자기 내면에 가지고 있는 극단의 정서들을 한꺼번에 경험하게 한다.

기행문을 쓰기 위해서는 여행 장소에 대해 글쓴이가 어떤 위치를 점하고, 그 장소와 관계 맺을지 설정하는 과정이 필요하다. '어느 곳이 가장 인상적이었는가? 그에 대한 나의 감정은 무엇인가?'와 같은 질문들은 여행지에 대한 여행자의 기호와 (무)의식적 선택에 연결된다. 가령, 근대화된 도시의 모습은 교과서에서 강조한 만큼의 감상을 일으키지 않는다. 이 때문에 평양, 개성 일대를 여행한 학생들의 기행문에서 근대화된 도시와 명승고적에 대한 차별적 재현이 두드러진다. 경신고보 학생은 평양 수학여행기에서 진남포가 '우리가 상상하던 바와 달러 퍽 쓸쓸한 곳으로' 느껴져 실망을 안겨 주었다고 서술한다. 또한 사동 무연탄갱과 일본 해운 연료 평양 광업소에 관해서는 열악한 환경에서 일하는 조선 인을 보는 것이 괴롭고 슬픈 일이었음을 고백한다.[93]

기행문에서 감상의 주어는 보통 '우리'이거나 아예 생략 되어 있다. 개인적으로 쓰는 기행문에 틈입한 집단성은 수 학여행이 갖는 공적 속성을 반영한다. 학생들은 근대화된 도시에 대해서는 세밀한 묘사나 감상을 서술하지 않는다. 그것은 기억의 구조에서 그때 본 광경이 의도적으로 배제 되었음을 의미한다. 평양 수학여행기에서 강조되는 것은, 대동문 주변 조형물들의 미적 아름다움에 따라오는 '한숨 짓는 눈물'이거나,[94] 기자릉(箕子陵) 앞에서 '이 강산의 애달 픈 변천'[95]에 대해 원망하고 하소연하고 싶은 충동을 느낀 일 등이다.

대신 학생들은 자신이 진화해 온 장소와 그 기원에 닿고 싶어 하는 욕망을 감추지 않는다. 그 욕망은 특정 장소에 한정되지 않는다. 오히려 그것은 학생이 이동하고 있으며 그 이동의 경로와 종착지가 과거, 즉 근원을 향하고 있다는 데에서 비롯한다. 학생들은 공간의 이동에 따라 '다른 경치 를 발견하는 동시에 다른 감상을 일으키'[96]는 경험을 한다.

보성고보 학생은 개성으로 가는 기차 안에서 평야를 보며, '인생의 생명'과 '노동의 신성'에 대해 생각한다. 그리고 천마산 아래에 있는 조선인의 가옥이 허물어지고 더러운 상태이지만, 그곳에서 '장래의 희망과 영광을 찾고자 노력'하는 인간의 모습을 본다. 그는 '그네들을 마음 없이 보지 못하'[97]는 자신의 내면도 응시한다.

학생들은 개성에 도착해서 인삼밭과 인삼전매국, 호수돈 여학교, 박연폭포 등을 둘러본다. 그중에서도 만월대에 관한 감상을 가장 많이 서술한다. 경성여고보 학생은 만월대를 보고 '외람되고 한심스럽고 이상스런 생각이 가슴에' 가득 차올랐던 느낌을 서술한다. 그리고 '인세의 일이 무상(無常)하여' 구슬픈 생각이 나는 것을 금할 수 없었음을 토로하며, '일행의 소감이 다 같았을 것'이라 덧붙인다.

휘문고보 학생이 쓴 기행문에서도 만월대를 본 감상은 '애끓는 눈물'[98]이란 단어에 집약된다. 이와 같은 집단 감성은 고려 왕조의 오랜 역사가 석축과 터로만 남아 있는 데 대한 허무감에서 비롯한다. '고려'라는 시공간의 소멸과 그것의 흔적에서 느껴지는 쓸쓸함은 장소, 경관, 영토에 각인된 집단적 기억을 반영한다. 학생들은 과거에 있었지만, 지금은 '부재하는 것들'에 주목한다. 이러한 역사적 감각은 조선적 현실이 일으킨 슬픔과 고통스러움에 연결된다.

> 지리 배울 때 오고 싶고 역사 배울 때 보고 싶던 부여(扶餘) 역사
> 로 부여 고적으로 부여 아! 이러한 부여를 이제, 남다른 친구들
> 과 서로 손을 잡고, 절절한 정서를 서로 풀어 가면서 탄탄대로에
> 보조를 맞추도다. (중략) 아! 이 왕릉(王陵)은 실로 사천 년간 동
> 양 예술에 대표적 고분(古墳)이다. 일본에도 없고, 지나(支那)에
> 도 없고, 오직 조선에만 있는 자랑의 보물이로다. 웅위견고(雄偉
> 堅固)한 분(墳)이 구조와 진기화려(珍奇華麗)한 대리석에 신비로
> 운 벽서(壁書)는 실로 백제(百濟)의 혼(魂)이 모두 이곳에 뭉친 듯
> 하도다. 천삼백여 년 전 선조들이 문물전장(文物典章)의 미(美)를
> 갖추어 찬란한 예술계에 천고불후(千古不朽)의 이 대작(大作)을
> 감탄하면서 다시 일행에 섞여 반월성적(半月城跡)을 지나 부여
> 읍내에 도달하기는 오후 네 시경이었다.
>
> - 이태준, 「부여행」, 『휘문』 2, 휘문고보문우회학예부, 1924. 6, 68-69면.

위의 인용문은 작가 이태준이 휘문고보 시절 1등 상을 받
았던 기행문의 일부이다. 당시 이태준은 학교에서 지리와
역사 시간에 학습하며 보고 싶었던 부여를 직접 볼 수 있다
는 기대감에 충만해 있다. 이 글에서 주목할 것은 출발 전

의 감상, 그리고 여행에 개입된 '남다른 우정'과 '절절한 정서'와 같은 부분이다.

수학여행은 일종의 학습 공동체이자 정서 공동체의 여행이다. 또한, 공간의 이동 속에서 조선의 수천 년 역사와 예술적 아름다움의 기원을 추적하고 공유하는 일이다. 이 글은 수학여행이 학교교육(사전 지식)에서 비롯되지만, 그것을 초월하는 지적 배경과 집단 감성을 체험하는 장임을 보여준다. 수학여행에 연결된 '정(情)'과 '감(感)'은 교과서적 지식을 초과하는 지점이다. 또한, '일본에도 지나에도 없는 동양 예술'을 가진 부여에 대한 이태준의 심상은 조선적인 것을 일본이 아닌 동양에 연결하는 정치적 의도를 포함한다.

이태준과 같은 곳을 여행한 휘문고보 후배 박노갑은 부여가 가진 아름다움을 '시적 자연'[99]에 한정한다. 그의 글에는 시대가 지나도 변하지 않을 아름다움에 대한 정서가 잦은 쉼표 속에서 시의 호흡으로 전개된다. 박노갑에게 수학여행지의 풍경은 정치적인 것을 미뤄 둔 채 자연을 지극히 개인적 감성으로 포착하는 가운데 재현된다. 그의 시선에는 역사적 유적들에 대한 냉소가 깔렸다. 조선적—동양적—세계적이라는 수사들이 무색해지는 국면에서 그의 여행은 교과서와 다른 방향을 취하고, 그것을 넘어선다. 그러

瞻星臺

辛酉秋
徽文高等普通學校第四學年生
慶州修學旅行時撮

휘문고보 4학년생의 경주 수학여행 기념사진(1921)
최석로, 『민족의 사진첩』2, 서문당, 1994, 34쪽.

므로 그의 기행문은 공간을 '다른' 각도에서 바라볼 가능성을 제시한다. 여행지에 대한 그의 시각은 근거리와 원거리, 구체적인 것과 추상적인 것, 시간의 흐름과 순간의 포착 사이를 오간다. 여기서 주체와 세계의 관계성에 대한 자의식이 열린다.

여행의 장소들은 각기 다른 방식으로 성스러움을 중재한다. 이때, 수학여행을 떠난 학생들은 일종의 순례자가 된다. 특히, 신을 매개로 자연, 민족, 자기를 지각하는 미션스쿨 학생들의 글에서 그와 같은 심상이 두드러진다.

(1) 기념사진을 찍고 김 선생의 기도가 있었다. 그 기도는 이러하다. '우리의 시조(始祖)께서 이 성을 쌓고 특별히 하나님을 위하여 제사하시던 곳에서 우리들이 오늘 이 자리에서 하나님께 기도하게 하여 주심을 감사하나이다.' 그 음성은 떨려서 우리로 하여금 이상한 감상을 일으키게 하였다. 이 성은 이제로부터 한 사천이백여 년 전 단군께서 쌓으신 것이니 동양에는 최고한 고적(古跡)이라 하며 세계에도 희귀한 고적(古蹟)이라 한다. 우리는 이와 같이 오랜 역사를 가짐을 기뻐하였다. 그러하나 단군이 누구인지 모르는 학생이 백이면 구십구 명은 될 것이 어찌 한사(恨事)가 아니리요.

- 노동석, 「강화수학여행기」, 『배재학보』 1, 배재학보사, 1921. 4, 20쪽.

(2) 한참 만에 비로소 목적지인 비로봉(毘盧峯) 꼭대기에 도달하였다. 그때의 그 기쁨, 형언할 수 없었다. 만사가 성취된 것 같았다. 다만 입으로 주님을 찬양하고 싶었다. (중략) 나는 찬송가 중에 이백오십 장에 '엄동설한 지나가면 앙춘가절 돌아와' 하는 찬송을 나도 모르게 힘 있게 나왔던 것이다. 여러 동무들도 같이 힘 있게 불렀다.

- 고순애, 「수학여행의 일일」, 『정신』 1, 정신여학교 학생기독청년회, 1925. 3, 44쪽.

(1)의 내용은 강화로 여행을 갔던 배재고보 학생이 마니산 제천단(祭天壇)에 올라 느낀 감상을 적은 내용의 일부다. 그곳에 올라 학생들은 기념사진을 찍고 교사의 인솔하에 기도를 드린다. 기행문의 화자는 단군이 누구인지 모르는 학생이 대부분인 현실을 슬픈 일로 받아들인다. 그리고 그는 떨리는 음성으로 진행된 교사의 기도를 들으며 '이상한 감상'을 일으킨다. 학생들이 집단 속에서 행한 기도는 신을 향하지만, 그 기도는 민족의 오랜 역사를 환기한다. '이상한 감정'은 가늠하기 어려운 역사 앞에서 어린 학생이 느끼는 외경심, 교사와 학생이 민족의 시조(始祖)를 호명할 수 있는

자리에서 느끼는 정체성에 대한 자각에서 비롯된다. 학생은 수학여행을 재표상하는 과정에서 아름다움과 경이로움을 종교적 감성에 연결한다. 그리고 그것을 다시 민족적 기원에 연결하여 여행지의 초월적 지평에 주목하게 한다.

(2)의 내용은 금강산으로 여행을 갔던 정신여고보 학생의 기행문이다. 이 작품에서 주목할 수 있는 부분은 바로 '나도 모르게' 찬송가를 부르는 장면이다. 여기서 종교적 감성은 자연의 성스러움을 매개로 생겨난다. 성가와 찬송의 목적은 성스러운 '분위기'를 창조하고, 종교적 성찰을 위해 '마음을 고양'하는 데 있다. 학생은 평소 찬송가를 부르며 느꼈던 감정을 자연 앞에서 느낀 감격과 동일시한다. 금강산의 절경에서 느끼는 신비감은 희랍신화와 성경의 묵시에 비유되기도 하는데, 이때 풍경은 미에서 신비로, 신비에서 공포로까지 전이된다.[100] 또한, 학생들은 자연의 광대함 앞에서 인간의 유한성을 느낀다. 그들의 순간적인 '자기초탈'은 인간의 진정한 실재를 발견하기 위한 것이라는 역설을 안고 있다. 이 글들은 수학여행에서 학생들이 느끼는 이미지, 정조, 사상 등이 종교와의 관계 속에서 구체화됨을 드러낸다. 이 부분은 여행 중에 일어난 집단 감성이 종교를 통해 자아 각성과 민족의식의 문제로까지 이어진다는 점에서

교과서의 목적의식과는 다르다.

활자들 속에서 여행지의 장소는 멀리 떨어진 곳으로, 지나간 과거로 수평 확장한다. 여기서는 지리, 역사, 예술, 과학, 종교 등 여러 사유의 상들이 '조선'을 중심으로 반복되고, 변화하고, 삽입된다. 학생들은 여행지를 재현하며 일제의 정치적 이념에서 벗어나 교과서가 다 보여 주지 못한 조선의 역사와 감성을 일깨우게 된다. 아름다움과 웅장함, 고요함과 공허함, 흔적과 애상 등의 심미적 요소들은 결국 자신이 조선인임을 알게 하여 준다. 이와 같은 자아 각성이 가능한 이유는 여행이 결국 조선적인 것을 묻고, 조선인의 현재 위치를 돌아보는 방식으로 사유되었기 때문이다. 그것은 교과서가 은폐한 것을 애써 들춰내는 경로이며, 여행의 공공성을 재구성하는 방식이기도 하다.

기행문은 교과서가 보여 주었던 재현의 관습을 전환하여, 그에 대한 저항의 가능성을 보여 준다. 학생들은 교과서와 다른 방향에서 여행지와 그곳의 역사를 이해하고 재현하였다. 문서로써 그 공간을 '우리의 것'이라고 주장한다. 직접적 표현이 불가능한 당시 상황에서 이와 같은 상상적 지리를 만들기 위해 학생들은 의도적으로 식민주의 및 제국주의와 뒤섞인다. 그들은 식민지 조선을 관찰하는 제국의 시선을 학습하여 되돌려준다. 이처럼 기행문을 통해 당시 학생들은 보이고 관찰당하는 데 머물지 않고, 관찰자들을 응시하는 위치에 섰다.


## 1930년대 경주와 금강산에서 생긴 일

　1930-40년대 학생들의 기행문에서 가장 많이 발견할 수 있는 조선의 수학여행지는 금강산과 경주이다. '조금의 차별 없이 유쾌하게 즐거운'[101] 시간을 보낸 학생들은 우정과 사제의 정뿐 아니라, 여행지에서 경험한 다양한 감정기억을 여행기에 남긴다. 특히, 금강산은 사회적으로 재생산된 것으로서의 경관을 가장 잘 보여 주는 여행지이다. 금강산의 경관은 자연적이면서 영속적이고, 이데올로기적인 특성까지 지닌다. 여행(기)의 주체가 '경관을 재창조하고 이데올로기적 메시지를 전달하는 기호들로 채움으로써 여행지의 이미지는 과거와 미래, 생성되고 변화하는 의미'[102]의 전형이 된다.

　중앙고보, 호수돈여고보 등 금강산을 찾은 학교 학생들의 기행문에는 '숭고감'을 느낀 장면이 나온다. 여기서 학생들은 자신을 압도하는 자연 앞에서 화려한 미는 모두 사라지고 천지만 남은 듯한 인상을 받는다. 비로봉에서 학생들은 '부생(浮生)과 격절(隔絶)'하여 세상을 보고, 우주의 광활함을 목격하며 인생이 미묘한 것임을 깨닫는다.[103] 총석정의 신기함 앞에서는 '시인도 미술가도 아닌 우리로서는 다만 아-라는 감탄사만을 발할 뿐', '형언할 수 업서서 그 아름다움을 나타내일 만한 그 무엇이 업는 것을 한탄'한다.[104]

이처럼 자연 앞에서 여행 주체가 느끼는 '말 못할 감정'은 조선의 황폐해진 유적, 급격한 근대화로부터 소외된 조선인을 볼 때도 나타난다. 1930-40년대의 금강산 기행문에서는 민족의 명산과 같은 수식어를 찾아보기 어렵다. 다만, 금강산에서 신라의 멸망이나 고려인의 최후와 관련된 역사적 장소들을 보고 그에 얽힌 전설을 재인용하며, 학생들은 '역사성'을 환기한다. 고구려시대의 용맹과 지혜와 의기는 어디로 갔는지 자문하는 학생의 목소리에는 조선의 현재에 대한 절망감과 함께 민족정신의 회복에 대한 열망이 담겨 있다. 식민화 이후 국가의 '영속성'을 잃은 조선(인)에게 금강산이나 고구려의 옛 영토는 선조와 자손이라는 공동체의 영속성을 '상상적으로 회복'하는 역할을 한다.

경주 수학여행에서 석굴암을 본 이화여고 학생은 '신라 미술의 정화를 극(極)하고 현시(現時) 동양 미술계의 대표적

작품으로 족히 세계에 자랑할 만하다'[105]는 자부심을 느낀다. 그리고 그녀는 신라의 옛사람들은 많은 문화를 남기고 갔는데, 우리는 후세에게 무엇을 줄 수 있을지 자문한다. 이런 독백은 경주를 방문한 다른 학생의 기행문에도 자주 나타난다. 이는 신라의 예술을 통해 자신이 속한 시공간성을 돌아보고, 역사적 주체로서 자기(세대)를 인식하는 관점을 내포한다. 그녀는 태종 무열왕릉을 보고 그것이 당대 미술의 발달을 가장 잘 증명한다는 안내자의 말을 길게 인용한다.

그리고 자신은 아직 감상력이 적어 '말 못할 회고의 정'만 일어날 뿐이라고 솔직하게 고백한다. 이 말은 미성숙이나 결핍으로 치부할 수도 있지만, 오히려 여행 당시의 감정을 가장 잘 함축한 말로 봐야 한다. 교과서와 여행안내서에 구체적으로 서술된 예술적, 역사적 지식을 넘어 학생은 언어화할 수 없는 느낌을 경험하기 때문이다. 이와 같은 '잉여의 감각'은 교사도 알려 줄 수 없는 미적 체험이자 감정교육이다. 경주 여행을 다녀온 중앙고보 학생은 신라의 문화를 보고 자신이 느낀 바를 '감탄'과 '또 무슨 이종(異種)의 감상'이라고 집약한다. 그는 교지에 '본 바 들은 바대로 다 그리지 못하고 마'[106]는 점에 대해 아쉬움을 토로한다. 이처럼 기행

문에는 쓸 수 없는 말, 의도적으로 생략한 말에 대한 자의식
이 나타난다.

때때로 조선에 대한 학생들의 자의식은 식민화의 정당성
을 주장한 일제의 근대화 이념과 합쳐져 계몽의 언어로 변
화되었다. 조선총독부 학무국이 농촌의 경제 사정을 고려
하여 수학여행을 제한하자 학생들은 관광 명소의 사이사이
존재하는 농촌의 현실을 날것 그대로 목격한다. 그들은 돌
아와서 농촌의 비참한 상태와 그것을 본 의식과 감정을 묘
사했다.

> 그들에게도 지식을 주어야 할 것이며 과학을 주어야 할 것이다.
> 날마다 들리어오는 조선 농민생활의 참상! 모르고 못 배우고 원
> 시적 생활을 하는 그들 영리를 떠나서 필요만에 쪼들리는 그들
> 에게 어찌 현금의 자본주의적 기계문명사회에 있어 상공업과
> 더불어 경쟁할 수 있으랴. 어서 그들에게도 과학을 주고 지식을
> 주어서 자연을 정복하고 '스피-드'에 대항할 만한 힘 있는 팔뚝
> 을 길어야 할 것이다. 농촌문제! 이 얼마나 중대한 문제랴.
> - 장덕조, 「경주여행기」, 『배화』 4호, 배화여자고등보통학교 교우회, 1932. 7, 89면.

장덕조는 기차를 타고 경주로 향하는 길에 농촌의 자연

풍경을 감상하다가 갑자기 관찰의 대상이 농부로 전환되자 어조를 바꾼다. 조선의 농촌은 감상의 대상이었다가 일순간 계몽의 대상으로 전환된다. 이 장면에는 조선인의 위계를 시간성으로 환원하는 진화론이 담겨 있다. 조선의 농촌은 신라보다 더 먼 '원시적 생활'로 떨어진다. 1930년대 조선의 여학생에게 자연은 '시(詩)의 살림'이자 '정복의 대상'이다. 이는 도회의 문명을 일상으로 누렸던 자만이 보여 줄 수 있는 감각이다. 자연을 시화(詩化)하는 것도, 과학으로 정복하는 것도 대상과의 거리감이 없으면 불가능하다.

농촌을 미개의 사회로 응시하는 인류학적 시선과 조선의 고대유적을 '회고(懷古)'의 감정으로 돌아보는 민속학적 시선은 연결되어 있다. 문명사회 이전의 시대를 평가하는 미적 태도는 일본이 지배하고 파괴한 식민지 문화에 대한 심미주의적 태도와 분리할 수 없기 때문이다.[107] 그러나 장덕조는 농촌의 현실을 도외시한 채 심미주의자로 머물지 않는다. 그녀는 식민화를 망각할 수 없는 위치에 있기 때문이다. 그녀는 근대화에서 소외된 조선의 농촌을 '문제'로 부각하고, 타개책을 호소한다. 이처럼 학생들의 기행문에는 양면적인 주관적 능동성이 작동한다.

보성고보 학생의 「계림여행기」에는 신라를 가리키는 옛

지명 '계림(鷄林)'이 제목에 담겨 있다. 계림은 '우리나라'를 이르던 말이기도 하다. 학생은 여행기 서두에 '우리들은 자연의 경치보다도 타민족의 침략을 받지 않고 자조자립(自助自立)의 정신으로 위대한 문화를 건설하였든 신라의 터를 보고 싶었'[108]기에 계림 천 년간 고도를 찾게 되었다고 말한다. 그는 기행문에 '타민족의 지배를 받지 않은 위대한 문화를 건설한 신라문화의 형해를 찾으려는 우리', '눈물 나는' 과 같은 구절을 반복해서 쓴다.

이 여행의 인솔자는 보성고보 국사 교사인 황의돈 선생이다. 포석정에서 학생들은 경애왕의 최후에 관해 '황의돈 선생의 눈물겨운 설명을'[109] 듣는다. 보성고보에서 국사와 한문을 가르쳤던 황의돈(黃義敦, 1890-1964)은 역사 교육자이자, 한국 근현대 사학의 개척자로 알려진 인물이다. 1916년 YMCA 강당에서 국사 강연을 한 것이 문제가 되어 일본 경찰에 붙잡혀, 당시 재직 중이던 휘문의숙의 교사직을 파면당했다. 그 후 그는 보성고보 교사로 20년간 재직하며, 『신편조선역사전(新編朝鮮歷史全)』(1923), 『중등조선역사(中等朝鮮歷史)』(1927)를 집필한다. 학생들은 경주 수학여행에서 그의 설명을 들으며, 신라 역사의 비극을 조선의 현재에 비춰 볼 수 있었다.

여행지에서 학생들은 세계적 보물로 인정받는 유적을 보지만, 동시에 유적이 사라진 흔적도 본다. 이 때문에 기행문에는 상실감과 함께 조선의 것을 지키지 못한 데 대한 수치심이 나타난다. 석굴암에 방문한 학생은 위대한 유물 앞에서 기쁨과 함께 '수치(羞恥)'를 느낀다. 수치심에는 석굴암을 '총독부에서 중수(重修)한다고 보물의 면목을 파괴오손(破壞汚損)케'[110]한 것, 석굴암의 보석과 불상의 유실 등 유적 보존의 책임을 다하지 못한 데 대한 역사적 부채감이 뒤섞여 있다.

장덕조가 배화여고 시절, 경주 수학여행에서 그 지역 소녀들이 기왓장과 돌을 관광객들에게 파는 장면을 보고 느끼는 '막막함' 역시 같은 맥락에 놓여 있다. 장덕조는 기행문에 그 장면을 묘사하며, '무지한 그들 무엇을 주랴. 쓸어지는 내 땅의 적은 돌 한 개라도 왜 남에게 팔아 버리랴'[111]고 기록한다. 송도고보 학생은 불국사 대웅전의 부서진 석사자를 보면서 도난당해 내지와 런던 대영박물관에 가 있는 석사자의 빈자리에 대해 쓴다.[112] 이와 같은 상실의 기록은 무엇으로도 잃어버린 대상을 대신할 수 없음을 드러내고, 그것을 슬퍼하는 애도 행위이다.

인솔자인 교사의 심정은 어떠했을까? 1937년 5월, 호수돈여고보 교사로 105명의 학생을 데리고 경주를 방문했던[113] 작가 임학수 역시 다보탑의 석사자를 보고 그것의 소실 여부를 기행문에 기록한다. 그리고 그는 허락 없이 조선의 유적 일부를 빼앗아 간 일본의 무례함과 그것을 당하는 조선인의 감정을 다음 장면에 응축한다.

다보탑(多寶塔)에 의지하야 자세(姿勢)를 정돈(整頓)하랴 하니 사진사(寫眞師) 뒤에서 가슴에 조히꽃을 단 점잖은 유람단원(遊覽團員)이 '렌즈'를 우리에게로 돌린다.

"모시모시 안되였지만 사진(寫眞)을 찍지 말어주세요."

"돗떼와 이께마생까?"

"네, 미안(未安)하지만 찍지 마세요."

"나뿐 데 쓸랴는 게 아니라 이렇게 여학교(女學校)에서 수학여행(修學旅行) 온 것을 기념(記念)하기 위하야 백일려는데요."

물론(勿論) 그들의 외양(外樣)으로 보아 현세적(現世的) 지위(地位)와 부(富)와 세(勢)와 연륜(年輪)이 상(上)에 속(屬)하는 신사(紳士)들이요, 또한 조선(朝鮮)에는 생소(生疎)한 이들임을 알었다. 그러나 나는 처음부터 악용(惡用)될 기회(機會)가 있음을 염려(念慮)한 것 외(外)에 한마디의 허락(許諾)도 청(請)함 없이 함부로 남의 얼굴을 찍어갈려는 그 태도(態度)를 좋아하지 아니함이요

또한 쓸데없는 사람의 손에 얼굴을 보존(保存)케 함이 싫은 까닭
이였다.

"어떠한 이유(理由)로 못 찍게 하시는지요?"

역시(亦是) 목에다 캐메라를 건 그 단원(團員)의 한 사람인 듯한
이가 묻는다.

"네, 이유(理由)는 없소이다. 기분(氣分)으로 그럴 뿐이외다. 찍
지 마세요."

이렇게 물리치고 여관(旅館)으로 들려 잠간 쉰 후(後) 일행(一
行)은 다시 토함산(吐含山)으로 발길을 옮겼다.

- 임학수, 「경주기행(2)」, 『고려시보』, 1937. 7. 1.


    다보탑 앞에서 기념사진을 찍으려는 제자들을 단체유람
온 일본인이 카메라에 담으려고 하자, 교사 임학수는 제지
한다. 그는 조선유람단에 속한 일본인이 '허락도 없이 함부
로' 학생들을 찍어 가려는 태도를 문제 삼는다. 수학여행단
을 사진으로 남기려는 일본인 신사에게 조선인 여학생들
은 하나의 '풍경'에 지나지 않는다. 임학수는 제자들이 무례
한 일본인 신사에 의해 경주의 풍물로 전락하는 순간을 포
착하고 통제한다. 그는 제지 이유를 묻는 일본인에게 '기분'
때문이라고 말한다. '기분'이라는 말은 매우 추상적이지만,

그것을 느끼는 주체에 대한 인식을 일으킨다. 그는 일본인의 자기중심적 태도가 타자에게 일으킬 수 있는 기분이 무엇일까 자문하게 한 것이다.

이때 자문의 주체는 임학수와 대화를 나누었던 유람단원인 동시에 조선인 전체이다. 임학수는 일본인과 일본어로 나누었던 대화를 『고려시보』에 조선어로 번역해 두었기 때문이다. 그는 타자가 존재한다는 것, 즉 인식대상물도 미적 대상물도 아닌 개개인의 인간이 있다는 것, 그것을 억압하는 자에게 대항할 수 있다는 것을 보여 준다.[114] 교사 임학수는 수학여행단을 대신해 찍을(빼앗을) 권리와 함께 안 찍힐(저항할) 권리를 선언한다. 그리고 그는 빼앗긴 것에 대해 상심하고 분노할 권리, 그것을 글로 기록할 권리까지 실천한다.

이처럼 경주에서 직접 본 신라의 문화는 교과서로만 배웠던 고대의 위대함을 넘어 조선이 상실한 것들을 되새기는 계기가 된다. 경주로 수학여행을 다녀온 동덕여고보 학생이 석굴암을 보며, 쓴 말줄임표 역시 그 상실감을 응축한 기호이다.

천 년 전의 문화가 이렇게도 발전했을까? 실로 궁금할 정도이다. 그렇다면, 옛날의 문화 발달은 지금 어느 곳으로 자취를 감추었을까? 신라시대의 문화가 지금에도 남아 있다면, 현재 조선의 예술은 어느 정도 진보해 있을 것인가. 아아 안타까운 일이다. 이와 같이 훌륭한 예술이 멸한 것은…." 경건한 태도로 불상을 올려다봤다.

- 조순성, 「경주여행기」, 『동덕』 11호, 동덕학우회, 1939. 3, 22면. 번역은 인용자.

학생이 느낀 경건함은 자신이 느낀 애석함을 성급히 언어화하지 않으려는 조심스러움과 엄숙함을 담고 있다. 임학수가 쓴 '기분'이라는 단어와 학생이 쓴 말줄임표는 조선과 일본의 고대사를 하나로 연결하고 호화롭게 수식하는 여행안내서의 구체성과 대응하는 지점에 놓여 있다. 오히려 두 사람은 '다 말하지 않음으로써' 조선의 역사를 되새기고 조선인이 상실한 것에 대해 애도하는 시간을 마련한다.

일제강점 말기에 이르면, 학생들에게 불국사는 '동아 고금 최고의 예술품', '내지 나라(奈良) 건축의 본보기'[115]로서 학습된다. 일본은 예술에서 일체(oneness)로서의 '동양'을 발명했다.[116] 이러한 안내자의 화려한 설명은 일본이 역설했던 동양주의를 담고 있다. 일제의 식민지 교육이념에서 '심미적'이라는 것은 식민지의 특수성과 동양적 보편성 사이의 모순을 해결하기 위한 이데올로기 모델이다. 그러나 식민지 조선인에게 '심미적'이라는 것은 일본에 의해 만들어진 추상적 보편주의에 포섭되지 않는 민족의 생생한 특수성으로 받아들여진다.[117]

학생은 현재의 일본 학자들도 다시 만들어 낼 수 없는 신라예술에서 신라시대 문화의 '진보성'을 확인하는 감각을 보여 준다. 또한, 김유신의 묘에 도착하여 당시의 영웅을 상상하면서 '고혼(古魂)을 참배하는'[118] 장면은 신사참배의 조선적 전유와 같다. 이는 지적으로 도덕적으로 열등하다고 간주한 자들을 미적으로 평가하는 제국의 관점에 맞선 태도이다. 학생은 '중고품 같은 기차'를 타고 고대예술의 도시인 경주를 방문하러 가며, '고전적 취미'를 느끼지만, 기차 안에서 '비참한 농촌의 궁상을 응시하는 때', 자신도 모르게 '동정의 눈물'을 흘린다.[119] 이런 내면의 목소리는 일제강점 말기 교육이념이 수학여행이라는 교육적 사건을 통해 학습되는 과정에서 내었던 파열음이다.

1938년 조선총독부 학무국은 비상시국을 맞아 학원의 소비절약과 인고단련(忍苦鍛鍊)의 기풍을 조장하기 위해 각 학교에서 시행하던 원거리 수학여행을 일절 중지하라고 지시한다.[120] 이와 같은 상황에서 평양으로 수학여행을 떠났던 심상소학교 5학년 학생은 평양 시내의 유명한 곳을 차례로 견학한 후에 가장 재미있게 본 것으로 '77연대 병대의 체조'를 꼽는다.[121] 일제강점 말기 수학여행 일정에 군대 견학이 있었음을 알 수 있는 대목이다. 학생은 전쟁기에 실제 군대를 보고 부대장의 호령하에 움직이는 그들의 집단적 통일성을 인상 깊게 느낀다. 통제되고 훈육된 군인은 조선인 학생에게 풍경이 된다.

그렇다면, 학생이 '군대'를 '재미있게' 본 것은 친일인가? 반일인가? 수학여행의 체험은 그와 같은 이분법으로 환원할 수 없는 '생활'의 지점에 놓여 있다. 신라 유적지에서 기왓장과 돌을 파는 조선인을 함부로 단죄할 수 없었던 학생들의 입장도 그 연장선에 놓여 있다. 유물을 파는 조선인에게 경주는 '생존'을 위한 공간이었다. 당시 수학여행이 국가주의를 일반화하는 정치적인 프로젝트로 정당성을 부여받았지만, 여행지를 둘러싸고 나타났던 다중성은 인정해야 한다. 그 점을 받아들일 때, 수학여행에 관한 '시비론'이 효과적인 결단 없이 제국과 식민지 사이에서 공전했던 이유를 이해할 수 있기 때문이다.

## 제국 일본을 여행하다

1920년에는 1910년대에 비해 일본과 만주로 수학여행을 떠나는 학생들이 늘어난다. 1920년대 중반 이후 증가하기 시작한 만주와 일본 수학여행은 견학이라는 교과 과정과 소비문화의 측면에서 만주와 일본 모두에게 정치 경제적으로 이익이 되었다. 일본의 주요 수학여행지는 오사카, 교토, 나라, 도쿄, 나고야, 후지사와, 가마쿠라, 요코하마, 닛코 등이다. 일본과 만주 수학여행은 1930년대에 이르러 더욱 증가한다.[122] 일본여행의 주된 코스는 계획적으로 개발된 도시, 각 지역의 신사, 조선의 고대와 연관성을 지닌 도시 중심으로 짜였다. 일제강점 말기에 이를수록 성지(신사)참배가 늘어난다. 국민국가는 균질적인 공간을 지향한다. 하지만 여행은 자국과 다른 문화와 역사를 경험함으로써 제국과 식민지의 실제적 차이를 인정하게끔 한다.

일본 수학여행은 조선의 각 지역에서 시모노세키에 도착한 후, 히로시마—오사카—나라—나고야—도쿄—교토 등 일본의 주요 도시를 차례로 들러 주요 견학지를 방문하는 일정으로 진행되었다. 학생들은 신사와 궁전, 일본의 역사 유적, 산업시설 등을 돌아보며, 일본의 국체와 위세를 느낀다. 일본에 방문했던 조선인 학생의 기행문에는 동경했던 곳에 방문하는 기쁨, 이국적 분위기에 대한 생소함, 일본 내에 거주하는 조선인의 현실을 목격한 참담함이 주를 이룬다.

1922년 6월 7일부터 22일에 걸쳐 『매일신보』에 발표된 「내지여행기」는 춘천 농업학교에서 4월 26일부터 20일간 다녀온 수학여행에 관한 기록이다. 특이한 점은 이 기행문의 필자가 '춘천 농교여행단(農校旅行團)'이라는 점이다. 기행문의 서두에는 적립금을 모아 개교 이래 처음으로 일본 수학여행을 떠나게 된 정황이 서술되어 있다. 그 내용에 이어 같은 해 5월에 도쿄 우에노공원에서 개최된 '평화박람회'에 대한 기대감이 담겨 있다. 평화박람회는 당시 '추악한 조선관'과 '조선인 관광단 모집' 문제로 조선인의 '공분'을 샀던 행사이다.[123] 이 수학여행기는 조선총독부가 평화박람회의 성황을 위해 조선인 관광단 결성을 권유하던 사회적 분위기를 반영하였다. 학생들은 이틀에 걸쳐 박람회에 방문한다. 그리고 박람회의 규모와 선진성, 경비와 관람자의 규모 등에 초점을 맞춰 여행기를 쓴다. 조선관에 대한 기록은 인삼차와 과자를 맛보았다는 것, 동물관에 조선의 동물이 적었다는 것 정도이다.

춘천농교의 수학여행은 춘천－경성－시모노세키－교

토―나라―나고야―도쿄―닛코―도쿄―오사카―고베(오군 항)―시모노세키―경성―춘천의 여정으로 진행되었다. 학생들은 산과 폭포와 같은 자연경관을 감상하고, 절, 신사, 궁성과 같은 일본의 역사적 유적을 돌며 참배한다. 그리고 제작소, 동물원, 박물관, 선별소, 제사소, 학교, 박람회, 공원, 해군참고관, 미쓰코시 오복점, 신문사, 조폐국, 항구, 물산공진회장과 같은 근대화된 장소들을 견학한다.

이 글은 방문한 곳을 차례로 설명하는 방식을 취한다. 도쿄에서 이왕전하저(李王殿下邸)에 방문했던 때를 기록하면서도 찬시(贊侍)의 설명을 옮겨 영친왕의 건강과 안위, '선제폐하(先帝陛下)'의 은혜를 강조한다. 대조적으로 우연히 천황을 환영하는 행렬에 섞여 본 경험을 묘사할 때에는 '하늘이 주신 행복', '환희'와 같은 단어를 통해 그때의 감격을 드러낸다. 또한 '천황의 성덕을 생각'하거나 '교과서에서 배운' 내용을 반추할 때, '우리 사는 땅은 왜 이런 것이 없나?'[124]하고 반문하는 장면에서 일시적으로 필자의 의식이 드러난다.

이는 공통적으로 일본의 우월함을 강조할 때이다. 교과서에서 배운 내용이란, 학생들이 '나라'에 방문했을 때 본 가스가신사(春日神社) 대불의 규모와 관련된 것이다. 『고등보통학교조선어급한문』의 「나라」뿐 아니라, 『보통학교국어독본』7권 제9과에도 「나라 대불과 은진 미륵불」에서 둘을 비교하는 내용이 대화체로 서술되어 있다. 특히, 『국어독본』에서는 일본인 다다오(忠雄)가 조선인 문길이에게 은진 미륵불은 나라 대불과 비교하면 그 규모나 만들어진 시기상 "도저히 이길 수 없다"[125]고 말하는 부분이 있다.

매일신보사는 이 기행문이 연재되는 중에 갑자기 춘천농업학교 학생 홍임식이 쓴 「내지여행감상」을 게재한다.[126] 이 글은 내지 노동자의 책임감, 남녀노소를 불문한 독서열, 사회 사정과 세계의 상태를 관찰하는 자발적 정신, 충군애국(忠君愛國)의 마음 등 일본에 대한 찬양이 주를 이룬다. 그리고 이 글의 필자는 책임감 없이 음주를 즐기는 조선 청년을 '조선 대치욕', '사회발전의 방해물'로 낙인찍으며 일본인과 대척점에 세운다. 이는 앞서 살핀 「내지 수학여행기」의 설명적 내용을 보완한다. 이런 계몽성과 감상성이야말로 평화박람회를 통해 일본인이 조선인과 외국인에게 전하고 싶었던 정치적 메시지이기 때문이다.

이처럼 수학여행 기행문에 주로 기록된 것은 조선학생이 일본에서 본 '차이'에 대한 감각이다. 진주농업학교 5학년 학생은 교토―닛코―도쿄―긴자―오사카―고베 등을 여행한다. 학생은 수학여행에서 화려한 도회와 그 이면을 함께 본다. 가장 대표적인 것이 바로 일본 내의 '조선인'이다. 교토에서 학생들은 '바라크'식의 집에 거주하는 '동포'의 삶을 본다. 그 후, 학생들은 교토에 머무는 이틀 동안 밤이 되면, 숙소에서 '아리랑 육자배기'[127] 노래한다. 학생들은 '외국에 와서 그 우아한 곡조를 들을 때 끊임없이 일어나는 망향심'을 느끼고 동포의 마음을 상상한다. 오사카 거리에서도 학생은 많은 공장과 화려한 야경 이면에서 '태반이 거지 생활'을 하는 조선인들과 맞닥뜨린다.

결국, 학생은 기행문의 끝에 조선인의 처참함에 대한 동정심과 분노를 표출한다. 학생은 도회 풍경을 병적 상태로 묘사하며, 자신이 일본에서 경험한 위화감을 드러낸다. 그는 도쿄 시내 건물의 웅장함 앞에서 '촌뜨기'가 된 자신을 느낀다. 그리고 긴자 거리에서 '아메리카니즘의 여파'로 범람한 '에로티시즘과 그로테스크'의 자취를 보고 '윤택하고 소박하고 착실한 고국의 농촌'을 그리워한다.[128] 글쓴이는 적어도 '도회 동경자'나 '에로 중독자'가 아니면, 자신과 같은 느낌이 들 것이라 단언한다.

일본에서 학생이 느낀 거리감은 쉽게 좁혀지지 않는다. '그리워하던 도쿄'는 "인공적 과학적으로" 최선의 상태이며, 유람버스 가이드의 일본어는 '아름다운 언어'[129]로 승화한다. 조선과 일본의 이질성은 공간적 경계를 더욱 선명하게 만들고, 조선은 과거처럼 처리된다. 일본 기행문에 자주 등장하는 '이미', '벌써' 라는 부사어에는 조선과 일본 사이의 문화적 차이를 속도의 문제로 느끼는 근대적 사고가 담겨 있다.

1910년대부터 1920년대 일본 수학여행에서는 일본의 근대성을 확인하고 역사성을 느낄 수 있는 다양한 코스가 섞여 있었지만, 1930년대를 거쳐 1940년대에 이르기까지 수학여행의 견학 장소는 신사와 신궁으로 축소된다. 특히, 일제강점 말기 조선총독부 교육정책의 영향 때문에 1940년대에 가까워질수록 학생들이 참배한 신사는 도요토미 히데요시의 업적을 기리는 도요쿠니 신사나 규모가 큰 천황의 헤이안 신궁 등으로 집약된다.

진명여고보 학생들의 수학여행 기록에도 대부분 내지 수학여행에서 여러 신사를 참배하고, 신사 곳곳에서 찍은 사진이 실려 있다. 그 사진 속에서 수학여행 온 학생들 역시 내지의 '풍경'이 된다. 특이한 점은 여러 신사와 신궁을 참배하는 과정이 반복되기 때문에 그 여정이 매우 건조한 어조로 기록된다는 것이다.

그러나 이왕궁을 방문했을 때에는 그 어조가 매우 달라

도쿄 궁성(宮城) 앞에서 찍은 진명여고보 수학여행 기념사진(1934)
『수학여행』, 『진명』, 진명여자고등보통학교, 1934. 8, 89쪽.

가마쿠라 불상 앞에서 찍은 이화여고보의 마지막 일본 수학여행 기념사진(1941)
『이화백년사』, 이화여자고등학교, 1994, 253쪽.

진다. 진명학교 학생들은 수학여행 중에 도쿄에서 지내던 '이왕전하(李王殿下)의 어저(御邸)'[130]에 찾아간다. 이는 진명학교뿐 아니라 숙명, 양정학교에서 행하던 수학여행의 관례인데, 이 학교가 영친왕의 친모인 순헌황귀비 엄씨가 설립한 학교이기 때문이다. 주목할 것은 수학여행 기록에 이때의 짧은 순간이 길게 묘사된다는 점이다. 그러면서도 학생은 영친왕에게 경례하며 느낀 기쁨을 반복적으로 말하며 그때의 기분을 말로 다 표현하지 못해 안타까워한다. 제국의 수도로 수학여행을 가서 조선의 마지막 왕에게 찾아가 경례하고 감복하는 장면은 의미심장하다. 그들은 일본에 가서 조선의 왕을 만나는 기이한 체험을 하고, 그 감격을 언어화할 수 없어서 다시 격정을 느낀다. 이 장면에서 서술 시간이 길어져 여행은 낯선 각도에서 파편성을 띠게 된다. 이처럼 일반적인 수학여행을 벗어난 상황과 그것의 기록은 여행이 목표로 삼은 단일성과 전체성을 깨뜨린다.

## 만주 수학여행에서 느낀 이국정서와 동병상련

만주로의 여행은 1920년대 유행하기 시작한다. 특히, '진재공황(震災恐慌)'의 여파로 1925-1927년 사이 일본인의 만주 관광이 줄어들면서 여행지로서 만주는 관광수요를 충족할 새로운 고객이 필요했다.[131] 이후 중일전쟁으로 단체여행객 금지 정책을 시행했던 때를 제외하고 일본, 조선, 만주 간 여행객으로 철도 당국은 '흑자사태'를 이룬다.[132] 남만주철도는 대련(大連, 현재의 중국 다롄)—신경(新京, 현재의 중국 창춘)을 잇는 연경선과 안동(安東, 현재의 중국 단둥)—봉천(奉天, 현재의 중국 심양)을 잇는 안봉선으로 이루어져 있었다. 당시 조선학생들의 수학여행은 경성—신의주를 잇는 경의선 철로를 따라 이동하여, 압록강을 건너 안봉선으로 갈아타고, 봉천에 도착해 연경선으로 갈아타는 방식으로 진행되었다. 학생들은 남만주철도를 이용해 주로 안동—봉천—여순—무순—요양—대련 등을 돌았다.

안동, 무순, 봉천, 여순, 대련 등은 일본인에 의해 식민지 근대 산업도시이자 위령 공간으로 재편된 곳이다.[133] 만주 수학여행의 주된 코스는 계획적으로 개발된 도시, 만철연선의 근대 시설, 만주국의 대동아주의와 관련된 관동군의 '충(忠)'과 '승(勝)'의 위령 공간이었다.[134] 학생들은 학교, 공장, 백화점, 구제원, 탄갱, 북릉, 백탑, 만몽자원관, 지질조사소, 전적지 등을 방문했다. 만주는 참혹한 유랑민의 생활을 목전에서 확인할 수 있고, 이국 문화를 체험할 수 있는 곳이었다.

특히, 봉천 수학여행은 1920년대 중반 유행하기 시작한다. 그 사정은 휘문고등학교 교지에 실린 교사 이일(李一)의 기행문 「봉천행」에 잘 나타나 있다. 십수 년 이래로 수학여행지로 꼽는 몇 군데를 4-5번씩 가보고 나자 학교에서는 '수학여행지 부족[拂底]의 난'[135]이 생긴다. 그러던 차에 봉천 여행이 유행하자 각 학교에서는 창립 이래 첫 해외여행을 단행한다.

휘문고보와 양정고보 학생들 역시 1925년에 최초로 해외 수학여행을 떠난다. 5-6일간 경성─신의주─봉천─무순─봉천─안동─평양─경성의 일정으로 남만주 일대를 여행하는데, 두 학교의 기행문에서 공통적으로 나타나는 것은 '이국정서'[136]나 '이국풍물'[137]에 대한 자각이다. '의미 모를 말소리', '국경 부근의 사복경관이나 무장병', '끝없이 펼쳐진 야원(野原)' 등이 그 표상으로 나타난다.[138] 언어의 문제나 감시의 시선 등이 유발한 이국정서는 일본 수학여행에서는 언급되지 않았던 부분이다. 여정 사이사이 마적의 출몰에 대비한 삼엄한 경비, 비위생적 환경, 물가의 저렴함 등이 구체적으로 묘사된다.

이국정서에 대한 강렬함 때문인지 봉천 수학여행기에는

고향을 떠나 헤매는 조선인의 가련함과 비애가 두드러진다.[139] 무순탄광(중국명으로 푸순탄광, 중국 선양에 있다)에 관한 기록에서는 무순 석탄을 처음 발굴한 '고려인'에 관한 역사가 모든 기행문에 반복적으로 나타난다. 학생과 교사는 중국 땅에서 고구려인이나 고려인의 발자취를 더듬는다. 그리고 탄광에서 '자연대 인간의 전쟁'을 경험하는 노동자의 비참한 생활을 목격하고 느낀 불편한 심리를 그대로 노출한다. 안동, 봉천, 무순 일대에서 학생들은 일본인 수학여행단과 마주치고, 남만철도회사의 자본이 만주의 학교와 시가지에 미친 영향력을 확인한다.

배재고보 교사는 1930년의 한 설문조사에서 경치 좋은 곳이나 사적의 폐허 앞에서 느끼는 '유흥기분이나 애상적 강개(慷慨)와는 엄청나게 다른 무엇을'[140] 느끼게 될 곳으로 만주를 꼽는다. 1920-30년대 조선의 교사나 학생에게 만주는 이전의 수학여행과 다른 감성을 불러일으킬 장소로 주목받았다. 수학여행 폐지론이나 장거리 수학여행이 제한되는 1930년대 중반의 조선에서는 출발 전날에야 만주국 수학여행 여부를 결정하는 급박한 모습을 보여 주기도 한다.[141]

1930년대 수학여행기에도 중국 땅에서 느껴지는 '이국의 정서',[142] '만주색',[143] '외국이토(外國異土)를 밟는'[144] 기분이 서술된다. 무엇보다 학생들은 일본제국의 권내에 든 만주 지역의 변화, 만주를 개척하는 조선민족['백의인(白衣人)', '백의 동포(白衣同胞)']에 대한 인상을 기록한다. 학생들은 만철을 비롯하여 무순탄광, 제유공장을 보고 일본의 세력, 특히 '과학의 힘'[145]에 매우 놀란다. 그와 대조적으로 구시가지의 비위생적인 환경도 강렬하게 느낀다.

기행문에 빠지지 않고 서술되는 것은 사회구제사업 시설인 '동선당(同善堂)'에 대한 감탄, 공공장소에서 무장한 군병과 제복경관을 보고 느낀 공포와 불안이다. 학생들은 필수코스로 전적지를 방문한다. 일본인 여행객에게 '위기' 의식이나 '승(勝)', '충(忠)'을 재생산하는 기제로 기능했던[146]러일전쟁의 전적지에서 조선인 학생은 오히려 '염전(厭戰)의식'을 느낀다. 조선인 학생의 만주 수학여행기는 일본 모더니티의 '스토리'를 일본 중심적인 것에서 벗어나 조선 혹은 만주에 관한 것으로 대체하는 '재서사화(renarration)'로서 의미를 지닌다.

봉천 여행에서 두드러지는 심상은 역사의 긴 흐름 속에서 '인세의 무상(人世の無常)'을 발견하는 데에 있다. 학생은 북릉에 잠든 청태종, 세계를 놀라게 한 진시황, 세계의 삼대

위인인 공자를 떠올리며, 이들의 삶에서 '인간은 자연의 권력 범위 내에 있음'[147]을 확인한다. '인조산(人造山)'으로 조성한 북릉이나 무순탄광이 가진 역사성 앞에서 교사나 학생이 느끼는 허망함은 무엇에 기인하는 것일까. 역사라는 확고한 시간의 존재를 의심하지 않으면서도 역사의 연속성을 뒷받침할 만한 증거는 어디에서도 발견할 수 없음을 느꼈기 때문이 아닐까. 내셔널 히스토리, 즉 역사라는 담론을 교과서로 공부해 온 조선학생들은 옛 조상의 땅에 발을 딛는다. 그러나 자신이 그곳에서 소외된 존재라는 것을 느낀다.

여행지에서 느끼는 불안과 소외감 그리고 낯섦이 초래한 공포에서 벗어나기 위해 학생들은 친밀함의 세계인 노스텔지어의 감각으로 회귀한다.[148] 선조의 흔적을 찾거나, 고향을 떠나 이국의 천지를 방황하는 조선인의 건재를 비는 마음이 그러하다. 그리고 학생과 교사는 자연에 눈을 돌린다. 자연의 초월성은 조선/일본/만주라는 역사 담론 안에서 자기의 위대함을 입증하려는 인간의 욕망이나 작위성으로부터 먼 거리에 있다. 봉천 여행이라는 유행 속에서 학생들은 아이러니하게도 인간세계 너머의 초월성을 응시한다. 제국이 학생들에게 알려 준 장소는 근대화된 도시―고적―자연 순으로 서열화할 수 있다. 그러나 학생들에게서 그 위계는 전복된다. 자연―고적―근대화된 도시라는 공간적 위계는 그것이 함의한 시간성의 길이와 관련된 것이다. 또한, 경이로움이나 성스러움과 관계 맺는 정도를 의미한다.

당시 인솔자였던 교사들은 수학여행 비판론을 의식하고 변화를 시도했다. '근래 남만주여행은 일본 구경을 하는 감이 업지 못한 데가 잇고 조선인의 생활이 너무나 영성(零星)함이 개탄할 바라' 남다른 프로그램으로 '중국미(中國味)'를 맛보도록 인솔한 '선생의 열성적 지도'[149]가 있었다는 학생의 발언이 그것을 보여 준다. 실제로 경성실업전수학교 학생들은 틀에 박힌 여정에서 벗어나 서탑유치원, 동선당, 동택여학교, 동북대학과 같은 사회사업 시설·교육기관을 위주로 방문한다. 이곳에서 학생들은 '우리나라'에 가고 싶다고 말하는 조선인 유치원생을 만나는가 하면, 중국 여학교에서 조선 여성과 다른 '용쾌한 중국여성'[150]의 면모를 보기도 한다.

특별한 예약 시스템이 없던 시절, 만주로 수학여행을 떠난 교사는 학생들에게 중국문화를 체험하게 해 주려고 중국인 여관에 투숙하기도 한다. 이것은 수학여행의 형식성과 피상성을 탈피하려는 교사의 노력을 담고 있다. 충남농업학교의 교사와 학생은 '중국인 여관'에 숙박하기 위해 '중국인 뽀이'를 쫓아갔다가 언어불통의 상황에서 경비병에게 위협당하는 봉변을 겪는다.[151] 다행히 인솔교사가 파출소에 가서 '필담(筆談)'을 두 시간가량 나눈 후에야 학생과 교사는 중국인 여관에 투숙하게 된다.[152] 일행은 나중에야 요양(遼陽)의 성 내에 보안국이 있어 중국인도 의복과 수하물 조사를 받고, 외국인은 여행인허증이나 영사관에서 발급한 인허장을 갖고 있어야 성안으로 들어설 수 있다는 것을 알게 된다. 이처럼 당시 현지의 사정을 모르고 수학여행을 떠난 교사와 학생들은 의도치 않은 사건을 경험하며, 중국의 문화와 사정을 알게 된다.

이와 같은 사건이 발생한 이유는 이 학교의 여행이 조선인이나 일본인 여관에 투숙하는 기존 수학여행의 전형성을 벗어났고, 여행 안내자의 중계 없이 이루어졌기 때문이다. 당대 수학여행기에는 안내소 직원이 수학여행단에게 여관을 소개하고 안내를 시작하는 과정이 자주 나온다. 흔히 만주 수학여행은 재팬투어리스트뷰로(Japan Tourist Bureau)를 통해 이루어졌다. 1912년 일본은 외국인 관광객 유치를 위해 재팬투어리스트뷰로를 설립하여 본격적인 여행 알선업을 시작한다. 그리고 1925년부터는 철도성의 승차권 판매대행 업무를 시작하여 일본 각지에 안내소를 설치했다.[153] 학생들의 기행문에 등장하는 '쓰리스트 비유-로'[154], '쟈판타와리스트 뷰-로-'[155] 등은 이를 지칭한다. 1935년 중앙불교전문학교 교사 김두헌의 기행문에 보면, '쟈판뷰-로'가 여관 중계로 이익을 취했음을 알 수 있다. 그는 그것을 '상업적 행위'[156]라고 비판한다.

일본인 여행 안내원의 설명은 조선학생들의 시선을 제국이 의도하는 방향으로 제한하는 데 큰 몫을 하였다.[157] 안내자의 설명이나 표준화된 만주 여행 프로그램에 따라 만주를 여행하는 일은 조선인 학생을 제국의 일원으로 포섭하고, 그것을 가시화하는 방법이다. 그러나 조선인 학생은 민족 간의 경쟁을 조장하거나 제국의 힘을 미화하는 황민화의 논리에 넌센스, 비아냥거림으로 반응한다. 이 같은 태도는 체제에 대한 목적의식적인 저항은 아니다. 일제강점 말기 지배적인 통제 원리는 조선인이 식민지인으로서 경쟁 원리를 자발적으로 체득하고 체제의 내면화를 위해 노력하는 삶을 살게 하는 것이었다. 그러나 이러한 행위는 학생들에게서 일어난 즉흥적이고 분산적인 행동이어서 일관된 통제가 불가능하였다.[158]

안내자가 조선인 전담의 소작권을 탈취하는 중국인 때문에 조선인의 생활난이 심하다고 말하자, 학생은 그 말끝에 물음표를 단다. 그리고 무순 탄갱이 '當地[무순]의 생명'이자 '일본의 생명'[159]이라 서술하여, 만주 지역의 자원과 경제를 장악한 일본의 독점력을 폭로한다. 또한, 학생은 만철(滿鐵)이 만든 대련항의 규모와 시설에 대해 안내자가 설명할 때, 그 내용에 괄호를 넣어 '아주 과장하는 듯이 말하였다'[160]라고 기록한다. 물음표와 괄호는 평서문의 글에서 독자의 이목을 끄는 기호이다. 학생은 현지의 사정을 무시하는 일본인의 우월감을 지적함으로써 제국의식에 포섭되지 않는 시선을 보여 준다.

만주는 일본을 보여 주는 동시에, 조선을 응시하는 경로이다. '이국을 보고 오니', '우리 생활에도 우리 조선의 독특한 풍속이 있다는 것을 확실히 느끼게'[161] 되었다는 표현이 그러하다. 다음은 만주로 여행을 떠난 배재학교 5학년 학생의 글이다.

학창(學窓)에 시달린 나머지 홍진만장(紅塵萬丈)인 경성의 혼탁한 시가를 떠나 청정한 공기를 힘껏 마시며 금색에 잠긴 추야(秋夜)의 대자연에 흉금을 토로하야 애상적 기분이 창일한 시상(詩想)이 붓 끝을 요동시키리 만큼의 가치로써든지 또한 여러 해동안 수학여행에 굶주린 우리로서 여행지가 또 특수지대인 남만주 방면 오늘날 세계정객의 야심의 집주지이요 유령 중국의 신출귀몰하는 정치적 변태 즉 기형적 정치를 연출하는 그네들의 다스림(治)을 받고 있는 그 나라 그 민족의 민족성, 생활상태, 문화정도 등을 탐색해보라는 점으로써든지 그것보다도 몸을 헐벗고 배를 굶주리고 있는 우리네의 이주민들의 간난한 생활상태를 심찰숙고하야 앞으로의 진출에 많은 "힌트"를 얻고자 하는 점으로든지 이러한 모든 점으로 보아서 우리에게 다대한 수확이 있으리라는 기대가 큰 만큼 금반 남만주지방으로 여행케 된 것을 절호의 기회 아닐 수 없었으며 선망의 일단이 아닐 수 없다.

-김종근, 「만주기행(滿洲紀行)」 (1), 『동아일보』, 1930. 12. 5.

이 기행문에는 만주 수학여행의 필수코스에 대한 일본식 해설을 비판적으로 바라보는 관점이 담겨 있다. 학생은 여행지인 남만주가 '특수지대'임을 강조하며 그곳이 '세계정객의 야심'이 집중되는 곳이자 중국이 '기형적 정치를 연출'하는 장소임을 환기한다. 이는 학생이 이미 만주를 둘러싼 일본, 중국 등의 정치적 지배 욕망을 인지하고 있음을 보여준다. 무엇보다 학생은 만주로 떠난 '우리네 이주민들의 간난한 생활상태'를 심찰하고 조선의 미래에 대한 힌트를 얻겠다고 말한다. 그는 수학여행이 민족의 미래를 전망하는 행위라 의미화한다. 이러한 의식은 공간적 상상력과 정치적 상상력을 연결할 때 나타날 수 있는 현상이다. 이제 학생에게 만주는 상호관계의 결과이며, 구성 중인 공간이 된다.

배재학교 학생들은 안동현-소가둔역-봉천역-심양 여관(投宿)-남만주철도 부설지-심양성문-구시가-길순사방(吉順絲房) 백화점-북릉-조선인촌-동아일보 봉천지국-무순역-무순탄갱-만주의과대학-봉천 시가지 구경-요양성-맹자묘-백탑-봉천 순으로 여정을 밟는다. 학생은 안동현에 도착하여 역전의 시가에서 '중국이면서도 중국 정취'를 전연 찾아볼 수 없었던 것에 실망한다.[162] 또한, 봉천역에서 학생은 언어를 통해 중국과 일본의 교착 상태에 놓인 만주를 체험한다. 남만주철도부설지 및 신시가를 회람하고, 학생들은 심양 성 내 구시가에서 졸고 있는 순경의 남루한 모습에서 중국의 '정체(正體)'에 관해 생각하기도 한다.

학생들은 '만철사에서 따라온 일본인 안내자'의 설명에 따라 여행을 진행한다. 이 안내자는 학생들에게 중국인 순사를 '육 원짜리 순경'[163]이라 지칭하며, 비하 발언을 한다. 학생들은 안내자의 말에 모두 웃어 버린다. 이 대화에서 당

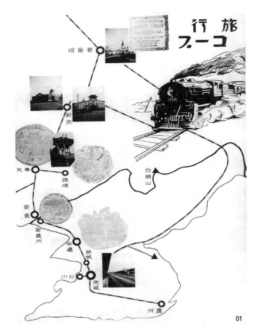

보성고보 졸업앨범에 수록된 만주 수학여행 코스 지도(1938)
보성중고등학교 편, 『보성백년사』, 보성중고등학교, 2006, 28쪽.

시 일본인이 중국을 미개하고 무질서한 국가로 관념화했음을 알 수 있다. 일본인 안내자는 제국주의적 견지에서 중국인들에게 문명론적 잣대를 들이대 일본—중국, 조선—중국 사이에 위화감(거리감)을 자아낸다.

안내자는 북릉을 방문해서, '국보(國寶)를 국립공원으로 일반 민중에게 공개하여 비천히 취급하는 것도 중국인이기 때문이라고 경멸'한다. 그러나 학생은 청태종의 북릉을 방문하여 장엄한 건축과 미술을 보고, 청대 문화의 장엄함에 놀란다. 그리고 안내자가 가진 '오류의 견해를 규탄하고'[164] 싶은 욕망을 느낀다. 학생은 북릉이 '동양'에 있다는 것을 '오늘날 물질문명의 첨단을 걷고 있는 구미인'에게 보여 동양의 '근고문명(近古文明)'을 자랑하는 것이 '봉쇄숭배'하는 것보다 가치 있다고 생각한다. 학생은 친일이나 반일과 같은 양자택일을 넘어 일본에 의해 개발된 공간, 그 이전부터 존재한 중국인의 공간이라는 '이중성' 속에서 만주를 파악하는 관점을 보여 준다.

일본인 안내자의 설명이 중국인 비난이라면, 그것을 반박하는 학생들의 논리는 동양문화론에 가깝다. 일본보다 못한 중국이라는 문화적 서열화에서 벗어나 서양을 타자화하여 일본—중국—조선을 동양 안에 병렬적으로 배치하려는 욕망이 그러하다. 그것은 일제강점 말기 일본의 관점과 매우 유사하다는 점에서 문제적이다. 그러나 학생의 논리는 바로 제국의 논리로 수렴될 수 없다. 학생은 지배와 폐허의 공간으로 만주를 바라보는 것에 선을 긋기 때문이다.

배재학교 학생의 이 기행문 가운데 2화와 4화의 일부분은 삭제 처리되고, 요양에서 백탑을 보고 중국의 미술과 건축술의 발달에 대해 쓴 문장 일부도 검열과정에서 삭제되었다. 북릉, 궁전과 같은 만주국의 명승고적은 '패배한 현재상이 주는 허무감으로 연결'[165]될 가능성이 높다. 그러나 조선인 학생은 일본의 위력을 전시하는 공간인 만주에서 중국을 타자화하는 일본에 대해 의구심을 드러낸다. 그런 면에서 조선학생에게 '위대한 일본'을 환기하려는 제국의 의도는 관철되지 못했다.

이 기행문은 봉천에서 돌아오는 기차를 타게 된 학생들을 한 문장 정도로 알리고, 갑자기 '우리 일행은 무엇을 잃어버린 것 같은 무엇에 불만한 것 같은—'[166]의 형태로 끝난다. 급작스럽게 글이 마무리된 느낌을 주는 이 문장은 학생들이 수학여행에서 느낀 상실감과 분노를 함축한다. 우리 민족의 이주 생활 상태를 살피고자 '조선인촌'을 찾은 학생은 그날그날의 생애를 겨우 유지하는 동포를 만나지만, 그들에 관한 자신의 감정을 피력하진 못한다.

화류가(花柳街)를 구경 갔다가 서탑(西塔)에 있는 조선인 화류가를 두 시간 동안이나 '공포'와 '눈물'로 구경한 학생은 여관에서 잠들지 못한 채 여장을 집어 들고 역으로 나와 '알지 못할 약동'[167]을 느낀다. 다른 학교의 수학여행기에도 만주의 여러 지역에서 만난 조선인은 '초라한 동포', '혈색 없는 얼굴'[168] 등으로 나타난다. 학생들이 보고 기록한 것은 재만 조선인의 리얼리티로, '저항과 협력 사이의 생존, 생활의 공간'[169]으로서의 만주이다. 학생들이 기행문에서 보여주는 '생략된 감정들' 역시 식민지 감정의 리얼리티이다. 학생들은 일본이 선전하는 만주국과는 '다른' 공간을 보았고, 만주에서 일본인과 조선인 사이에 발생했던 차이를 응시한다. 이것은 동아 신질서 건설의 이념뿐 아니라 그것의 허상을 드러내 준다.

고구려시대부터 만주에 이어진 조선인의 노력을 곳곳에서 발견한 학생과 교사는 그것이 남만주철도주식회사에 종속되어 버린 현실을 기록한다. 무순을 방문한 중앙고보의 학생은 탄갱 내에 들어가는 노동자들이 부재할 때 무순의 현대적 도시 시설이 어떨지 상상해 보기도 한다.[170] 학생은 압록강 위에 가설된 철교를 지나다가 위화도를 보고, 이태조의 모반을 떠올리며 만주의 현재에 대한 불편한 심경을 투사한다. 그는 이태조의 사대주의적 사상이 역사적으로 이어져 결국 조선인의 '자존심과 자주독립적 기상과 용맹'[171]이 줄어든 것이라 비판한다. 그는 일본을 직접 비판하기보다 이태조의 사대주의에 냉소함으로써 중국과 조선이 처한 식민화 상태를 공동의 비극으로 만든다.

중앙불교전문학교 강사 김두헌은 수학여행기의 말미에 만주국 수학여행에 대한 감상을 아리랑에 담아 표현한다. '아리랑 아리랑 아라리요 얼그덕덜그덕 게다 소리에 마적은 놀라서 다 다라난다'[172]가 그것이다. 그는 일본에 식민화된 만주의 현실을 아리랑의 슬픈 곡조에 담는다. 일본이 만주국 건설을 통해 추구했던 모더니티는 조선인의 관점에서 매우 비극적인 사건으로 재서사화된다.

일제강점 말기로 접어들면, 학생들은 '만주국군인훈련소', '이영산고지'를 비롯한 전적지, '일로전쟁'을 기념하는 충령탑과 박물관, 신사 등을 추가로 방문한다. 이 장소들은 국가의 신화와 상징을 대중의 감정과 연결하는 힘을 가진 곳이다. 송도고보 학생은 훈련소 군인들의 얼굴에서 '신흥기분(新興氣分)'을 느끼지만, 박물관에 진열된 러일전쟁 당시의 전쟁용구와 비참한 전적지의 상태를 보고는 '인간의 생

명을 빼앗던' 전쟁의 상황을 눈앞에 그려보며 소름이 끼친 다고 말한다.[173]

학생은 일본의 전승을 기념하는 전쟁기념관에서 전쟁의 아픈 상처를 떠올리며, 염전(厭戰, 전쟁을 싫어함)의식을 표출한다. 학생이나 교사는 제국이 창출한 초월적이고 불변하는 힘과 접촉하지만, 그 '신성한 공간'에 압도되지 않는다. 일제강점 말기 조선인에게 전쟁은 이제는 숭배하거나 기념할 만한 것이 아니라 생활의 문제였기 때문이다. 일상을 탈피한 '비상한' 경험에 대한 열망은 종교적 숭배의 기본이면서 국가주의가 전유한 정치적 미학이다. 그러나 제국이 의도한 경건주의를 내면화하기에 학생들은 너무 많은 여행지를 돌았고, 결국 어떤 장소도 진정한 국민적 기념의 중심지가 되지 못한 채 여행은 끝난다. 이처럼 대동아전쟁을 위해 총동원체제를 준비하는 일본의 황민화 이데올로기는 수학여행이라는 연례행사에서 세속화되었다.

## 3부
## 수학여행의
## 제약

### 수학여행에 관한 동상이몽

1930년대 각 학교 교지 연중행사란을 보면 수학여행과 원족을 명확하게 구분하여 시행하였음을 알 수 있다. 아울러 만주와 일본 여행도 늘어난다. 반면 1930년대 초 경제계의 불황으로 조선에 수학여행을 오는 일본인 학생의 수가 현저하게 줄어든다. 이 경향이 조선에서는 농촌의 공황 때문에 더 심각하여 다수의 학생이 중도 퇴학한다.[174] 이 같은 상황에서 『조선일보』와 『동아일보』는 수학여행의 중요성은 인정하지만, 경제적 위기를 환기하며 여행의 한시적 중단을 예견하거나 제안한다.[175]

특히, 『동아일보』는 사설을 통해 극도의 경제공황이 3년째 계속되는 상황에서 학부형이 '채무노예'로 전락할 것이라 단언한다. 그리고 수학여행의 일시적 제한과 교육 당국의 선처를 요청한다.[176] 그러나 학생과 학부형은 수학여행 제도가 지속되기를 원한다.[177] 이에 각 신문사에서는 수학여행을 의제로 삼아 좌담회를 진행하고, 잡지사에서는 수학여행 특집 기사를 마련하여 설문조사를 한다.

수학여행은 조선의 경제적 상황과 불가분의 관계에 놓여 있어서 조선총독부 학무국에서 그 수위를 조절했다. 1935년 5월 14일 총독부 정례국장회의에 참석한 우가키 총독은 농촌진흥운동의 근검저축에 저어되지 않게 관광객도 절제하고, 수학여행도 부형에게 부담을 주지 않도록 주의하라고 당부한다.[178] 조선총독부 학무국은 수학여행을 폐지하기보다는 학생의 무리한 참가를 권하지 않는 선에서 수학여행 방침을 마련한다. 여행의 교육적 효과와 학생들의 열망을 도외시할 수 없기에 수학여행을 강제로 중지하기는 어렵기 때문이다.

원거리인 일본과 만주 여행이야말로 앞선 두 가지 이유를 가장 의식하게 하는 문제이다. 그러나 조선총독부는 이에 대해서 강경책을 펴지 않는다. '경우에 따라'라는 단서를 달아, 수학여행의 단행 여부를 '학생의 문제'로 축소한다.

수학여행에 대한 조선총독부의 대응은 수학여행이 낳는 교육적 효과와 경제적 이득을 포기할 수 없음을 보여 준다.

조선총독부의 태도는 전시체제로 들어서면서 달라진다. 1937년 전후로 학무국에서는 교육적 가치 없는 수학여행은 부당하다는 견해를 밝힌다. 그리고 학생의 체력과 부형의 부담을 참작하여 수학여행을 기획하라고 강조한다. 각 도의 학무국에서는 수학여행 계획안에 '갱생부락(更生部落)의 시찰, 신사불각(神社佛閣) 참배 등을'[179] 넣으라고 시달한다. 1938년 매일신보사는 북지와 반도를 연결하는 중추지대인 북경에 본사지국을 새로 설치하고, 그 건물을 개조하여 조선인 학생단의 숙박기관으로 만든다.

매일신보사는 지국의 개설에 대해 '내선일체의 반도통치 방침을 외지에서도 실현'하는 상징적 사건으로 의미화한다.[180] 일본은 내선일체의 이념을 강조하는 방향에서 수학여행의 교육적 가치를 조정한 것이다. 이런 변화에도 불구하고 1940년대 학생에게 수학여행은 '학교에 입학해서 졸업할 때까지의 소원'[181]이라 할 만큼 기다려지는 행사임에는 변함이 없다.

## '여행 기분'의 단속

인터넷 창에 수학여행을 검색하면, 연관 검색어로 유명한 수학여행지 이외에 '수학여행 코디', '수학여행 술'이 뜬다. 옷과 술 그리고 자유시간. 단체여행을 앞두고 자유를 만끽하게 된 학생들이 기억에 남을 만한 일을 꾸미는 데 필요한 것들이다. 백 년 전 학생들은 주로 교복을 입고 수학여행을 떠났고, 음주 여부는 신문 기사나 교지에 공개적으로 실리기 어려웠을 것이므로 알 수가 없다. 그러나 자유시간이 아니더라도 집과 학교를 떠나 자유의 에너지를 마음껏 발산했던 당대의 학생들은 예상치 못한 사건 사고를 일으켰다.

조선총독부의 수학여행 제한 권고에도 불구하고 1930년대 신문에는 '꽃시절이니 박람회니 하여 시골 손님들을 함부로 흡수하는 서울'이 '관광 경성의 이색풍경'으로 보도된다. 그리고 그에 따른 폐해가 함께 폭로된다.[182] 수학여행에서 일어난 사건 사고는 경성에만 국한된 것이 아니다. 여행지에서 풍기문란, 교통사고, 폭행사건, 행방불명, 질병, 실족사, 자살과 같은 사건이 일어난다.[183] 수학여행단이 탄 차가 수학여행 온 학생을 치어 중상을 입힌 일도 있다.[184]

기자들은 사건을 보도하며, 학교 당국자의 불철저한 감

독을 가장 큰 원인으로 꼽는다. 무엇보다 많이 기사화되는 것은 미아 관련 사건이다.[185] 경찰이 길을 잃은 학생을 경찰서에 데려다 놓고 인솔자에게 연락을 취했으나 학생을 찾아가지 않은 교사에 관한 일화가 신문에 자주 등장한다.[186] 신문기자는 학생을 찾지 않고 돌아간 교육자를 비난하고 학교명을 공개하여 그 실태를 고발한다. 이 때문에 일부 신문기사에는 수학여행 인솔교사가 전한 사과의 말[187]이 함께 실린다.

또한, 각 학교에서는 수학여행 일정에 '자유시간'을 두어 학생들끼리 모여 여행지 일부를 돌아보게 했다. 이때 사건이 일어나는데, 자유시간에 학생들은 조별로 모여 시내를 돌고 기념품을 구매한다. 일본으로 수학여행을 갔던 진명여고보 학생은 '미아가 되면 큰일이라는 생각에 오사카 신세카이(新世界)에 갈 수 없었'[188]던 사실을 기록한다. 학생의 어조에는 불안감 때문에 자유시간을 충분히 활용하지 못한 아쉬움이 담겨 있다. 이는 신문에 자주 등장하는 미아 사건에 대한 인솔자와 학생의 경계심이 여정에 영향을 미친 상황을 보여준다.

수학여행 관련 사건이 빈번해지자 신문기자는 5-6학년 상급 학생은 모르겠으나 3-4학년 어린 학생들에게 수학여

先生님은어데갓나

警察에하로밤잔

김일훈 修學旅行團兒童

「경찰에 하룻밤 잔 길 잃은 수학여행단 아동」, 『조선일보』, 1935. 5. 19.

修學旅行生탄車가

修學旅行生轢傷

事故中에一場喜劇

「수학여행생 탄 차가 수학여행생 역상(轢傷)」, 『조선일보』, 1933. 5. 25.

행은 실익보다 정신상, 건강상 폐해가 크다고 비판한다.[189] 수학여행에서 일어난 무리한 도보는 '동맹휴학'의 원인이 되기도 한다.[190] 수학여행의 과도한 일정은 일제강점 말기 장거리 여행에 그대로 이어진다. 만주여행을 떠났던 송도고보 학생은 학생들의 피로도를 묘사하며 학교가 세운 '여정의 계획이 그릇된 것'[191]이라 비판한다. 금강산 기행을 떠났던 송도여고보 학생의 기행문에는 하루가 지날 때마다 환자가 늘어 일부의 학생과 교사가 여관에 남겨진 일화가 담겨 있다.[192] 무리한 일정은 수학여행의 '필수코스'를 다 돌아야 한다는 강박이 만들어 낸 결과이다. 이처럼 수학여행 기분이나 여행에 대한 기대감은 예상치 못한 사건 사고를 초래했다.

## '사치금지령'을 내리다

수학여행은 장거리 여행인 만큼 철도국의 방침이 예기치 않은 에피소드를 낳는다. 특히, 1937년 중일전쟁의 발발로 철도국에서는 1937년 8월 4일부터 전 조선의 열차 운전 횟수를 줄이고, 여객 및 화물의 취급을 제한할 뿐 아니라, 단체 취급 및 할인도 중지한다.[193] 학생들의 여행이 기차를 주요 운송수단으로 삼았기 때문에 철도국의 방침은 여행의 일정에 막대한 영향을 미친다. 그러나 1937년 10월 10일부터 철도국에서 단체여객을 평소대로 취급하기로 하자, 금강산, 경주, 만주로 떠나는 각 학교의 여행단이 꼬리를 물고 이어진다.[194] 1938년 4월에는 내지 수학여행을 기획하고 있던 평양의 학교들이 철도성의 일방적인 단체여행 중지 방침 때문에 낭패를 경험한다.[195]

수학여행의 제한에는 전시체제 소비절약운동도 영향을 미친다. 경기도 교육회에서는 '학원소비절약운동'의 61종목의 구체안을 마련한다. 이를 바탕으로 원족이나 수학여행도 가능한 한 도보로 다니고, 간식을 폐지하여 쓸데없는 소비를 줄이라고 각 학교에 통첩한다.[196] 이 밖에도 실시 조항에는 복장과 관련하여 새 옷을 사지 말 것, 단추나 모표는 금속으로 만들어 달 것, 모자는 전투모를 쓰고, 여자들의 옷고름이나 댕기 등은 폐지하고 될 수 있는 대로 맨발로 다니거나 게다(일본식 나막신)를 신고 다니고 목도리와 장갑은 끼지 말 것 등을 들 수 있다. 그리고 학용품과 관련하여 교과서를 재사용할 것, 과외독물을 제한할 것, 학습장도 쓰고 남은 것을 사용하고 석판도 대용품을 쓰고 글씨는 습자지 대신 신문지에 쓰고 도화지는 양쪽을 다 사용할 것, 만년필이나 시계 같은 것은 사용하지 말 것, 피혁이나 고무 제품의 운동구는 사용을 제한할 것 등을 들었다.

이에 따라 경기도 학무과에서는 '소비절약실시요항'에 1박 이상의 수학여행 금지 항목을 넣어, 1938년부터 중등학교 상급학년 생도의 원거리 수학여행을 금지한다. 그러나 1938년 9월, 학교 측과 학무당국과의 절충의결 끝에 수학여행 전폐를 완화하여 졸업반의 수학여행만은 적립금의 한도 내에서 허락한다. 당시 중학생의 원거리 여행은 그 시기에만 가능한 견학 여행이었다. 특히, 도당국은 여학생들에게는 이 기회가 아니면 원거리 여행이 불가능할 것이라는 학부형과 학교 측 견해를 받아들인다.[197] 강원도에서는 '비상시 총후를 지키는 부형들에게 큰 짐이 된다'는 이유로 장거리 수학여행과 운동회를 폐지한다. 이를 대신해 '비상시 체위 향상'을 위한 도보원족을 강조한다.[198] 매일신보사는 이 기사와 같은 내용의 기사를 1940년 8월 20일에 「원족은 도보로 먼 길 수학여행은 고려」라는 제목으로 다시 싣는다. 이 기사에는 수학여행과 운동회에 대해 종래보다 엄중한 단속이 이루어질 것이라는 점이 강조되어 있다. 1943년에 이르면 황해도에서는 '물자전송 증강'과 '건민건병(健民健兵) 교육'을 위해 수학여행을 도보로 실시하라고 요청한다.[199]

조선총독부 학무과의 이 같은 조치는 1930년대 초 수학여행을 '학생의 문제'로 축소하며 묵인했던 태도와 대조적이다.

총력전 체제로 접어들면서 수학여행의 기분을 단속하는 정책의 강압성은 역으로 그 정책에 포섭되지 않는 일탈의 산발성을 암시한다. 1939년 경기도 학무국은 성전 3주년을 맞아 국민의 물자절약을 강조한다. 그리고 관하 각 학교에 학용품 절약과 함께 숙박을 요하는 원거리 수학여행을 금지한다. 가미타니(神谷) 내무부장은 '조선신궁참배에 한해서만'[200] 하룻밤 숙박을 허용한다. 그러나 경기도 이외의 지역에서는 수학여행이 끊이지 않는다.[201] 철도국에서는 일반 여객열차에 많은 학생을 태울 수 없어 안동과 경성 사이에 '수학여행임시열차'[202]를 운행한다.

1940년 봄에는 내지(일본) 방면으로 가는 조선인 중등 전문학교의 수학여행 단체의 인원이 오천여 명이나 되어 철도국에서는 기차 부족으로 곤혹을 치른다. 시모노세키에서부터 시작되는 일본 철도성 담당의 노선에서는 백 명 이하의 단체여객에게는 기차를 제공하지 않아 여행에 차질이 생기기도 한다.[203] 이 같은 현상이 벌어지자 각도 학무과에서는 수학여행을 제한하며, 여행하더라도 경비와 여행일

부여신궁 어조영 근로봉사 중인 배화여고보 학생들(1942)
성백걸, 『배화백년사』, 배화학원, 1999, 380쪽.

지 등을 도당국에 제출하라고 알린다. 또한, 기차의 수송력을 고려하여 밤에 오고 가기를 권한다. 이 경우에도 조선신궁 참배를 하면 종래 2박을 3박으로 늘릴 수 있음을 강조한다.[204]이와 같은 조치는 수학여행의 숙박 여부를 중시하는 학교 측의 입장을 이용하여 수학여행을 일종의 국가 이벤트로 변용하려는 의도를 담고 있다.

전쟁기에 접어들면서 수학여행의 '소비성'은 제한되고, 교육적 가치는 황국신민화의 '이념성' 주입으로 축소된다. 학무국은 수학여행의 폐단과 기차의 수송력 부족을 고려하여 수학여행 대신 부여신궁터 조영지 등으로 근로 작업을 가라고 유도한다. 학무국에서는 1940년부터 각 전문학교 학생들을 만주국에 흥아청년근로보국대(興亞靑年勤勞報國隊)로 보내는데, 중등학교 학생들도 '땀의 봉사를' 위해 '부여신궁(扶餘神宮) 근로작업대'가 된다.[205] 수학여행은 학교 중심의 근로 작업과 생산력 확충의 가능성으로서 재발견된다. 또한, 수학여행에는 '신궁 참배'가 필수코스가 된다. 평양정의고등여학교 4학년 학생 일백여 명은 1940년 4월 15일부터 15일간 내지(일본)로 수학여행을 떠나는데, 신문에 공개된 일정을 보면 고등학교, 수족관, 도쿄 시내, 조폐국, 신문사 견학을 제외한 여정이 신사 참배로 채워져 있다.[206] 수학여행의 성지 순례화는 그 여행의 가치를 정치적 공공성의 문제로 치환하는 일과 같다.

조선의 각 학교는 조선총독부가 내건 여행의 조건을 받아들이며 수학여행의 명맥을 유지한다. 그러자 문부성에서는 수송기관의 혼잡과 물자소비규정에 따라 순수한 견학여행은 금지한다. 그리고 실습 조사 연구, 야외 연습, 집단 근로, 심신단련에 필요한 여행만 삼 일 이내로 허가한다.[207] 조선총독부는 문부성 방침에 순응하여 총독부에서 계획한 여행 이외에는 만주국과 중화민국 수학여행을 금한다.

이 같은 조치를 한 까닭은 '나랏돈[邦貨]의 유출을 방지'하고 '현지의 건설작전에 방해를 끼치지'[208] 않게 하기 위함이다. 철도국에서는 폭주하는 여객을 줄이기 위해 1940년 4월부터 온천으로 가는 승객의 할인 운임제도를 폐지한다. 학무국에서는 '사치금지령(奢侈禁止令)'에 호응하여 수학여행을 학무국장 허가제로 전환한다.[209] 그리고 경찰 관리의 협력하에 학원의 전시생활 체제화와 관련한 사항을 '위반하는 불량생도'[210]를 철저히 단속하기로 한다. 이처럼 전시판(戰時版) 학원신체제운동 속에서 수학여행은 축소되거나 그 성격이 변질된다.

이에 따라 매일신보사에서는 조선총독부의 정책 취지에

부합하는 수학여행 사례를 기사화한다. 양구농민학교 졸업생들이 1941년 3월에 내지로 수학여행을 떠나 궁성에 참배하고 '농촌의 모범갱생부락(模範更生部落)'[211]을 시찰하기로 했음을 알리는 기사가 대표적 사례다. 이 기사는 약 2개월 전에 수학여행 계획을 알린 것으로, 내지로의 수학여행이 체제에 부합하는 계몽적 성격으로만 인정·유지될 수 있음을 암시한다. 수학여행의 목적에 부합하지 않는 여행을 계획하는 학교가 여전히 존재하자, 경기도에서는 중등교장회의에 주의사항으로 '수학여행에 관한 건'을 상정한다. 관련 기사의 내용은 다음과 같다.

> 수학여행이 학교교육상 빠져서는 안 될 것으로 되어 있는 바이다. 그 계획과 설시(設施)에 있어서 운용을 그르치는 경우에는 도리어 본래의 목적에 배반되는 결과를 일으키므로 경기도에서는 전 반도 내 각 학교에 통첩을 보내어 그 취지와 방법에 더욱 철저히 하도록 하라고 명한 바가 있었으나 아직도 철저치 못한 점이 있어 이십칠일 개최 중인 중등교장회의에 주의사항으로서 수학여행에 관한 건을 상정하야 될 수 있는 대로 유감된 일이 없도록 하며 봉사적 근로를 가미하야 행동은 항상 규율을 엄히 하여 통제 있게 하고 인고단련의 기풍을 함양하며 역사와 옛 문

화에 스며 있는 정신의 새 양식을 얻음으로써 건전한 황국신민으로서의 신념을 강화시켜 충분한 교육 효과를 얻도록 주의를 일으켰다. 더욱 수학여행상 각 학교의 유의할 점은 다음과 같이 지시되었다.

一, 학교의 특질에 비춰 조사와 연구 사항은 특히 정선하여서 유효적절하게 계획할 것

一, 인가 서류에 대하여서는 엄중히 검토하는 동시에 제출기한을 엄수할 것

一, 여행 기간은 최단기간으로 하여 여자는 십 일 이내 남자는 구 일 이내를 표준 기간으로 할 것

一, 조선 내 여행은 근로봉사와 연습 또 교외실습 등 특수 목적을 가지는 것 외에는 계획치 않을 것

一, 여비는 적립금(積立金)의 범위 내로 할 것이며 추징금(追徵金) 등은 피하여 부형의 부담을 경감할 것

- 「중학생의 수학여행 유효적절히 하라 교장회의에서 여행 일자 등 제시」, 『매일신보』, 1941. 6. 28.

기사를 통해 여행의 성격, 인가 서류의 내용과 제출 기한, 여행 기간의 표준안, 조선 내 여행의 계획 조건, 여비의 한도 등에 따라 수학여행을 단속했음을 알 수 있다. 같은 해 『매일신보』 사설은 만주사변 이래 생산력 확충을 위한 자재

전송으로 교통난이 심각하므로 급하지 않은 여행은 중지하라고 요청한다. 그리고 교육 여행이 '유산여행(遊山旅行) 기분'에 빠지지 않도록 충분한 계획을 세우라고 강조한다.[212] 당국의 입장을 반복적으로 전달하는 사설에는 '구실', '제삼자로 보면 그다지 필요하지도 않은', '고언(苦言)'과 같은 단어들이 쓰였다. 이는 학무국과 학교의 갈등을 암시한다.

이처럼 수학여행 제한 정책은 전쟁기에 학생들의 소비와 여행기분을 통제하고 황국정신(皇國精神)을 내면화하는 방향에서 추진되었다. 이후 강원도에서는 '성역(聖域)' 이외의 장소는 여행지로 피할 것을 당부한다. 또한, '황국정신을 느끼게 하여 교육상 효과를 최대한도로 얻게'[213] 하라고 학교에 전달한다. 1년 뒤에도 강원도 당국은 '유람여행 기분에 빠지는 것은 조금도 용서할 수 없는 일'[214]이라고 단언한다.

학무국에서 허용하는 범위를 넘어선 수학여행을 용서받지 못할 집단행위로 보는 관점은 국가주의 이데올로기에서 비롯한다. 각 지역의 학무국은 지속해서 학교의 협력을 요청한다. 장기간의 반복적 당부는 두 가지로 해석될 수 있다. 하나는 세뇌이다. 다른 하나는 제국의 요청이 번번이 관철되지 못했다는 점이다. 제국의 정책은 수학여행에 영향을 주었지만, 여행의 정치적 공공성은 변질되거나 산발적으로 훼손되었다.


## 수학여행에 관한 설문조사 결과는?

수학여행의 축소나 폐지 문제를 두고 조선총독부 학무국과 학교의 갈등이 지속되자, 신문과 잡지사에서는 수학여행 관련 좌담회와 설문조사를 기획한다.[215] 수학여행 시비론이나 갱신론이 가능한 이유는 여행의 교육적 가치를 따져본다는 근대의 감각이 존재하기 때문이다. 수학여행의 가부를 논하는 글들은 대부분 ① 수학여행의 유익성(견문 확대, 의기 단련, 사제 간 관계 형성, 학생의 집단의식 마련, 사회의 정세 인식 등), ② 학생들의 과도한 소비와 유희 기분, ③ 가정의 경제적 고통, ④ 학생의 심리적 부담, ⑤ 수학여행을 떠나는 학교의 현황 등을 언급한다. 아마 현재 한국의 교육계에 당시 좌담회와 설문조사에서 언급되었던 질문을 던진다 해도 그 답은 크게 달라지지 않을 것이다.

1920년대부터 반복적으로 대두하였던 수학여행 찬반론은 어느 한쪽으로 귀결되지 못한다. 수학여행의 교환가치는 학생, 학부형, 학교, 조선총독부에 매우 유의미한 것이지만, 그 효과를 수치화할 수 없었기 때문이다. 잡지 『동광』

의 설문조사에 보성학교 교사 김지태가 답한 것처럼 "유익하다는 것은 정신적이오 해롭다는 것은 경제적이기 때문에"[216] 비교 타산 자체가 힘들었다. 결국 수학여행 시비론은 '갱신론'의 차원에서 반복 재생산된다. 1920년대 말~1930년대 초에 경제공황에 따른 폐지론이 등장했다가 주춤하고, 일제강점 말기 전시체제에 접어들면서 다시 축소론과 폐지론이 우세해진다. 제국과 식민지의 동상이몽 속에서 수학여행의 효과는 확대 해석되고, 제도 폐지의 불가능성을 강조하는 결과를 낳는다.

1931년 동아일보사에서는 학교 관련 좌담회[217]를 기획한다. 모임에 참석한 학교 측 인사는 정신학교 최삼열, 협성학교 김려식·이대관, 근화학교 김마리사, 연희전문 유억겸, 양정고보 안종원, 세브란스 의전 오긍선, 중앙전문 김영수, 보성고보 이혼성, 경성여고보 장응진, 중동학교 최규동, 휘문고보 이윤주, 중앙보육학교 박희도, 진명학교 남상찬, 배화학교 주기용, 기독청년학관 홍병덕이다. 사회 측 인사는 김병로, 주요섭이고, 본사 측 인사는 송진우, 이광수이다.

좌담회에서 교사들은 학생의 가정형편을 고려하지 않고 장거리 수학여행을 감행하는 문제의 심각성을 환기한다. 좌담회에서 사회 측 인사인 김병로는 돈이 없어서 수학여행에 가지 못한 학생을 '결석 처리'하는 사례를 환기한다. 그리고 그것이 아동에게 '금전에 대한 자극'이 될 수 있음을 우려한다. 학교 측 인사들은 학생의 사정 참작은 인정하지만, 여행을 학생들의 자유에 맡기는 것에는 모두 반대한다. 그들은 조선 내 학교가 수학여행을 전폐(全廢)하기 전에는 장거리 여행의 비용과 실효성 문제는 어쩔 수 없다는 데 대부분 동의한다.

특히, 중동학교의 교장 최규동은 매우 현실적인 문제를 환기한다. 그는 처음에 학무당국이 전체 학생의 5할이 여행을 가면 그것을 허락했는데, 이제는 8할이 아니면 수학여행을 허락하지 않기에 학생 부족으로 수학여행을 못 가는 수가 있다고 말한다. 또한, "관립학교에서는 멀리 가는데 사립학교에서 멀리 안 가면 격(格)이 떨어지는 것처럼 생각하는 일" 역시 하나의 폐단이라고 지적한다. 최규동의 발언은 수학여행 문제가 학생의 소외뿐 아니라, 학교의 품격 문제로까지 이어질 수 있음을 드러낸다.

주요섭은 이 좌담회 기사에 대해 "현교육자들의 무정견 무성의를 폭로하는 자백"[218]이라며 꼬집는다. 그는 수학여행의 폐지, 활동사진 필름의 상영, 능력이 되는 학생들 위주의 여행단 조직을 장려한다. 돈 없는 생도에게는 불공평하지만, 현 사회제도가 그러하니 어쩔 수 없다는 그의 발언에는 수학여행의 구별 짓기 현상이 담겨 있다.

잡지 『별건곤』의 세태 비평란에는 학생들이 안동현이나 도쿄, 오사카를 보아야 할 이유는 '인솔자가 갑 헐한 파이레트나 루비퀸을 사 피우려는 생각'[219] 때문이 아니냐는 추측까지 나온다. 이 글을 쓴 기자는 객비와 수업료 때문에 배움을 거절당한 학생을 환기하며 교육장 내에 작동하는 계급문제를 거론한다. 수학여행은 조선의 역사와 문화 그리고 정세를 배우는 교육과정의 일환이지만, 소비와 향락을 배우는 수단으로 풍자된다. 이런 상황에서 경성의 정신학교가 수학여행 폐지를 선언한다. 이에 동아일보사의 기자는 조선학생에게 수학여행은 '밥을 굶고 보약을 먹는 격'이라고 비유하며, 전 조선 학교의 수학여행 중지를 제안한다.[220]

1934년에 이르러 잡지 『신동아』는 수학여행 관련 기획 기사를 마련한다. 교육가 이만규는 「수학여행론」을 통해 수학여행의 필요성을 역설한다. 그는 수학여행이 서양 교육론의 발달 과정에서 모색되었으며, 그것의 본래 목적이 실지경험의 지식적 효과, 감정 교육, 정신훈련이라 말한다. 그는 수학여행의 역사적 맥락과 목적을 강조한 후, 수학여행의 불필요를 말할 "과학적 반대이론은 조금도 없"[221]다고 주장한다. 서양 교육가들의 교육론을 빌려 반대론자들의 논리를 '억설'로 만들어 버리는 태도는 조선총독부의 수학여행 축소론(또는 폐지론)에 대한 저항의 전략이기도 하다.

지식인을 대상으로 한 설문조사 결과는 어땠을까? '현행 조선 각 학교들의 수학여행제를 어떻게 생각하느냐?'는 설문조사에 신성학교 교장 장이욱, 연희전문학교 부교장 유억겸, 중앙고등보통학교 교장 현상윤, 조선어학회 간사 이극로, 교육학 박사 최윤호, 전 동아일보 편집국장 최원순, 협성학교 교장 김려식이 답했다.[222] 그 가운데 유억겸, 현상윤, 이극로, 최윤호는 찬성을 표한다. 단, 유억겸과 최윤호는 수학여행이 학생의 수양에 필요조건이지만, 상습적이고 형식적인 수학여행제나 원거리 여행을 피하고 선한 안내자와 감독자를 두어야 한다고 말한다. 이에 반해 장이욱, 최원순, 김려식은 반대 의견을 내놓는다. 이들의 주된 이유는 학교의 내규나 관례에 구속되어 수학여행이 학생 개인의 경험을 고려하지 않은 형식적 행사가 되어 본의에 어긋난다는 점이다. 실제로 배화여고와 중앙고등보통학교 수학여행기에 보면, 단시일에 여러 곳을 방문하는 일정 때문에 시간 부족으로 유적지를 다 보지 못해 아쉬워하는 장면이 묘사되어 있다.[223] 이들은 학과의 연장선에서 진도를 참작하여 중심이 될 교재를 미리 준비하여 시행할 것, 원거리 여행은 피할 것을 강조한다. 특히, 장이욱은 수학여행의 교육상 효과를 측정할 만한 '객관적 표준' 마련을 개선안으로 내놓는다.

조선의 교육자들은 교육적 효과를 높일 수 있는 방향에서 수학여행의 개편을 요구한다. 특히, 교과 내용과의 연계성, 안내 감독의 철저성, 단거리 여행을 모색하는 방안이 그러하다. 이들의 응답은 기본적으로 여행의 교육적 효과를 어떻게 지표화할 수 있는가라는 문제로 연결된다. 장이욱의 개선안에서 짐작할 수 있는 것처럼 당시 수학여행의 유익성은 바라보는 관점에 따라 달라질 수 있었다. 또한, 조선의 교육적 목표를 무엇에 두느냐에 따라 여행의 효율성은 다르게 측정될 수밖에 없었다. 여행의 효과는 결국 여행 당사자인 학생과 교사의 주관적 해석에 달려 있다. 그러므로 수학여행 시비론은 그 내부에서 공전한다.

## 겉핥기식 여행에 대한 비판

조선학생들의 수학여행은 조선 밖 일본과 만주에서도 그 문제점이 지적된다. 사람들은 일본과 만주 방면의 수학여행 프로그램이 대동소이함을 지적하고, 학생들이 보고 들은 것이 '도회의 화려한 일부분에 불과함'을 비판한다.

거짓으로 꾸민[粉飾] 도회의 가면을 박탈하여 그 적나라한 진상의 일부도 파악치 못하고 맹목적으로 물질문명의 표면 예찬에 시종하는 이따위 수학여행(?)이 어느 때까지나 계속될 것인가.
- 김찬식, 「수학여행」, 『동아일보』, 1931. 5. 15.

『동아일보』의 한 독자는 물질문명의 표면만을 맹목적으로 추수한 일본 수학여행에 강한 회의감을 표시한다. 그리고 도회로 쏟아져 들어오는 순진한 농촌 젊은이들이 겪는 비참한 사건을 환기하며, 수학여행을 사회적 문제로 확대한다.

수학여행에 대한 회의감은 만주 여행에서도 나타난다. 봉천의 풍용대학 공학부 학생은 「봉천에 수학여행 오는 학우에게」라는 글을 통해 '마차 타기—신시가의 일본인 상로(商路) 횡단—길순사방(吉順絲房) 방문—태청관(太淸官) 견학—

수학여행에서 백화점 견학을 간 학생이 식당 메뉴를 수첩에 받아 적는 광경을 통해 수학여행 문화를 풍자한 만화(『별건곤』, 1932. 11, 13면).

북릉 참관—서탑대가 횡단'으로 정형화된 여행 일정을 꼬집는다. 그는 학생이 돈을 쓰기 위해 여행하는 것이 아니므로 '자기비판'이 필요함을 역설하고, 학생 신분에 맞게 정치나 상업 방면 이외에 교육기관을 견학하라고 권한다.

> 제군이 봉천 와서 일본인 건설을 보고 고적을 한두 곳 찾는대야 이렇다 하는 소득이 무엇입니까? 일본인의 세력을 앎으로써 우리에게 얻는 바 적고 이곳을 온 다음에는 중국을 알고 가야 될 것입니다. 이에 대한 결점은 제군에게 있다느니보다도 학교당국에 있고 선생 자체가 우매한 까닭이라 하겠습니다.
>
> -김봉수, 「봉천에 수학여행 오는 학우에게(1)」, 『조선일보』, 1930. 11. 8.

글쓴이는 학생들이 봉천에 와서 일본의 만주국 건설 현황을 확인하고, 중국의 고대 유적을 견학하고 돌아가는 모습에 개탄한다. 그는 겉핥기식 봉천 수학여행의 원인을 학교 당국과 교사에게서 찾는다. 이는 제국의 교육정책에 영향받을 수밖에 없는 식민지 교육의 현실을 정확하게 짚어낸 대목이다. 그는 이 글의 끝에 봉천의 '조선학생학우회'[224]가 견학하러 오는 학생 단체의 안내를 맡아 줄 수 있음을 알린다. 그는 조선학생들이 대련과 여순을 방문하기 위해 봉천에 짧게 머물지만, 대련과 여순을 본 것은 만주 여행보다는 차라리 일본 여행에 가깝다고 말한다.

그는 일본에 조차(租借)되어 신도시로 변모한 대련과 여순을 방문하는 일이 제국 일본의 전승과 식민화를 확인하는 데 그치는 것임을 노골적으로 드러낸다. 실제로 1937년에 봉천을 방문한 송도고보 학생은 근대 도시라는 조건에서 봉천에 비해 대련이 '국제도시의 감(感)'을 준다고 말한다. 여기서 일본인이 얼마나 많이 살고 있느냐에 따라 대련과 봉천의 차이를 구별하는 것을 볼 수 있다. 이와 같은 사정을 알고 있는 봉천 풍용대학의 학생은 만주 수학여행에 깃든 정치성을 비판하고, 그것을 타개할 대안으로 조선 유학생이나 기독청년회 간부의 안내를 추천한다. 수학여행의 가치를 높이려는 조선인 유학생들의 활동은 식민지 근대화, 황국신민 만들기라는 제국 이데올로기와의 거리두기로서 실천성을 지닌다.

봉천의 한 신문기자 역시 지방논단(地方論壇)에서 수학여행이 '맹목적 연중행사'[225]가 되지 않도록 프로그램을 조정하라고 제언한다. 그는 학생들이 만철의 선전이나 일본인의 상업 활동 그리고 중국의 소비문화에 젖어들게 되는 현상을 경계한다. 그리고 학생들이 우리 동포들의 생활실상과 농촌생활, 중국의 풍토 국민성, 상공업의 발달 여하 및 신흥중국의 교육제도 등을 살피는 것이 좋다고 조언한다. 특히, 그는 조선인 여행단이 일본인 경영의 여관에 숙박하지만, 그 여관업자가 일본인인 관계상 조선학생의 수학여행을 안내해 줄 수 없음을 지적한다. 결과적으로 봉천의 조선인 기자는 조선학생의 수학여행이 일본인에 의한, 일본인을 위한 행사로 전락해 가는 현상을 폭로하고 조선인을 위한 활동으로 갱신되기를 주장한 것이다.

일제강점 말기에 이르면, 수학여행 폐지론이나 축소론이 더욱 부각된다. 1938년 『조선일보』 사설 「수학여행의 의의와 폐해」[226]에서 글쓴이는 표면적으로 수학여행의 폐지론을 내세운다. 그는 각 학교당국과 감독관청당국(監督官廳當局)에서 지금의 폐해를 줄이는 동시에 수학여행의 기본의식 이행을 위해 힘써야 한다고 말한다. 여기서 그의 논의가 전제하는 것은 차이화이다. 그는 당대의 수학여행이 재래 조상들의 여행과 달라야 함을 강조한다.

그에 따르면 '산하(山河)를 정복할 기개나 인정세태를 시찰하고 싶은 욕망 없이 오직 객고(客苦) 객회(客懷)를 과장하기에 능했'던 조상의 '산천유람(山川遊覽)'과 이 시대 청년들의 수학여행은 다르다. 산하를 정복할 기개와 인정세태를 시찰하려는 욕망은 제국이 조선학생에게 가르쳐 준 문명화의 덕목이다. 이것은 애초에 수학여행의 근본의식이 자연을 벗 삼아 무아의 경지에 이르는 것이 아니라, 식민화의 논리를 직접 체험하고, 그것을 자연스럽게 내면화하는 것에 있음을 뜻한다. 사설의 필자는 양반들이나 떠날 수 있었던 호화로운 유람과 수학여행을 차이화하면서 조선학생들을 향한 여행론에 제국의 훈육담론을 덧씌운다. 총독부의 제한 정책에도 불구하고, 수학여행은 이와 같은 갱신론 안에서 유지된다.[227]

## 정치적 아이러니

이런 여론 속에서 수학여행이 지속되자 조선총독부는 '자발적 포기'를 선전하는 기사를 내보낸다. 이때, 수학여행은 미담의 원인으로 작용한다. 수학여행의 경제적 부담은 비판의 대상이 되지만, 수학여행비를 절약하여 조선사령부 애국부에 '국방헌금'[228]으로 보낸 일화는 '애국활동'의 연장선에 놓인다. 학생들이 매일신보사를 방문했다가 비상시국에 감동하여 여비를 모아 국방헌금으로 헌납한 사례도 있다.[229] 신문기사는 지방의 학생이 수학여행을 왔다가 서울에서 더 깊이 '시국'을 느꼈다는 점을 강조하고 40여 명의 사진을 신문에 낸다.

1944년 3월에는 시국상의 문제로 수학여행을 떠나지 않게 된 겸이포고등여자보통학교 여학생이 적립금 94원을 국방헌금으로 헌납한 사례가 기사화된다. 이에 대해 기자는 학생과 교장을 비롯한 전교원이 행한 '순국교육(殉國教育)의 힘'[230]을 크게 치하한다. 수학여행의 포기를 '순국'의 차원으로 승화할 수 있으려면 수학여행 그 자체가 '학생(시절)의 총체'가 되어야 한다. 여기에 수학여행의 완전 폐지론을 주장할 수 없는 제국의 아이러니가 있다.

당시 수학여행은 당위적으로는 교양교육론에 입각해 있지만, 그 이면에는 학생들의 여행 욕망, 자본주의적 소비제도, 식민 지배세력의 정치적 동원 논리, 미디어의 여론 형성과 사회적 파급력이 작동했다. 국가주의의 문화정치는 국민의 진정성이나 순수성에 위협이 된다고 생각되는 것들을 배제하고, 신성한 것으로 정화하는 과정이다. 이 같은 맥락에서 볼 때, 수학여행에 붙은 '폐해', '무용', '성과', '소득'과 같은 수식어야말로, 그 시대 교육을 둘러싼 당대의 조급한 기대감을 반영한다. 그러나 여행의 가치는 여행 주체에게 강요된 진정성의 성취 여부에 있는 것이 아니다. '순수하

고 오염되지 않은' 고유한 문화, '내부적으로 균질한' 문화
는 애초부터 불가능하거나 오로지 관광객용으로 존재할 수
있다.[231] 오히려 수학여행을 떠난 학생과 교사는 '보존될 수
없는 것(또는 보존되지 못한 것)'들에서 살아 있는 문화를 느끼
고, 자기 삶의 맥락을 읽어 낸다.

조선총독부의 권고 사항이나 통제 내용에서 알 수 있듯,
식민지의 자본주의화, 국가주의 교육 이념의 영향 속에서
확대된 수학여행은 개별 정체성을 무시하고, 국가적 경계
를 지우고, 신성한 것을 세속화하는 차원에서 진행되었다.
그러나 기행문에서 살필 수 있는 것처럼 역으로 그것은 조
선과 만주뿐 아니라, 일본적인 것을 세속화하는 결과를 낳
았다. 그러므로 학생과 교사의 기록은 당대 수학여행이 지
녔던 교육 효과의 전유라 할 수 있다.

수학여행은 역사와 지리의 학습, 풍습과 정세의 인지, 즉
학습이라는 학생의 본분을 일깨워 주었다. 특히, 기행문은
학습 대상이 개개인의 지식과 감정, 그리고 욕망을 통해 재
구성됨을 보여 준다. 즉 수학여행의 최종적인 목적은 일반
적 지식의 습득이 아니라, 학습 대상과 학습 주체가 지닌
특수성의 인정에 놓인다. 관광 가이드가 여행지의 특수성
을 일본 중심으로 보여 주고 평준화하였다면, 학생들은 그

내부에 상충하는 것들을 밖으로 드러내었다. 이처럼 학생과 교사는 배제된 집단이나 사람들의 존재를 알게 되었고, 1930-40년대 조선총독부의 교육 목표는 성취되지 못한다.

여행을 다녀온 교사와 학생은 기행문 등을 통해 수학여행을 재현하였다. 재현이란 형식적·문화적 변화와 그 변화의 사회적 '결정 요인들' 사이의 관계이다.[232] 수학여행에서 학생과 교사는 일본, 조선, 만주를 방문해 그곳의 현재를 보지만, 여행지의 역사적 맥락, 안내자의 설명, 여행주체의 상황, 수학여행에 관한 사회적 기대 속에서 여행지의 변화를 함께 본다.

식민자본의 혹독한 중압감으로 인해 성찰이 어려운 상황에서 수학여행은 영원과 상실(혹은 소멸)에 대한 감각을 자극하였다. 게다가 수학여행이 일본—조선—만주를 잇는 관광자본의 중심에 놓여 있다는 것을 고려하면, 당시 조선인은 조선총독부가 강조했던 수학여행의 가치를 활용하여 신민화의 불가능성을 드러낸 것이 된다. 수학여행기에서 다중성이 중요한 이유는 여행을 다녀온 그'들'이 민족주의, 국가주의의 원형을 보여 주면서 개인적 경험의 직접성도 고스란히 드러내기 때문이다.

주석

1) 조성운, 「대한제국기 근대 학교의 소풍·수학여행의 도입과 확산」, 『한국민족운동사연구』 70, 한국민족운동사학회, 2012, 9-13쪽.

2) 인태정, 『관광의 사회학: 한국 관광의 형성 과정』, 한울, 2007, 43쪽.

3) 「학도여행」, 『大韓每日申報』, 1910. 7. 23; 「보성학교학도여행」, 『大韓每日申報』, 1910. 5. 19; 「地方學徒旅行法」, 『皇城新聞』, 1909. 12. 10.

4) 「農校學生旅行」, 『每日申報』, 1912. 10. 5.

5) 「文校遊覽」, 『大韓每日申報』, 1907. 5. 8.

6) 「學員旅行」, 『大韓每日申報』, 1909. 5. 21.

7) 「日校修業旅行」, 『皇城新聞』, 1910. 5. 15; 「려힝도못히」, 『大韓每日申報』, 1909. 12. 10. '수업여행'이란 용어는 1920년대에도 사용된다. 「京城私立女子師範, 開城에 修業旅行」, 『每日申報』, 1924. 5. 3.

8) 「잡보」, 『帝國新聞』, 1899. 4. 13.

9) 「잡보」, 『帝國新聞』, 1899. 4. 19.

10) 「兩校의 修學旅行」, 『每日申報』, 1910. 10. 16.

11) 「公普校修學旅行」, 『每日申報』, 1918. 10. 31.

12) 「會員消息」, 『太極學報』 1호, 1906. 8, 51쪽.

13) 「슈학려힝」, 『大韓每日申報』, 1910. 7. 13; 「황태ᄌ뎐하유람」, 『大韓每日申報』, 1910. 7. 13.

14) 「鳳校生修學旅行」, 『每日申報』, 1914. 10. 9.

15) 「學部令第二十一號」, 『皇城新聞』, 1906. 9. 21.

16) 「部令」, 『官報』, 1909. 7. 9.

17) 「通牒各校」, 『大韓每日申報』, 1905. 8. 11.

18) 「地方學徒旅行法」, 『皇城新聞』, 1909. 12. 10.

19) 「려힝도못히」, 『大韓每日申報』, 1909. 12. 10.

20) 「時事一掬」, 『皇城新聞』, 1910. 5. 28.

21) 「修學旅行取締」, 『每日申報』, 1912. 11. 29; 「全北修學旅行制限」, 『每日申報』, 1913. 11. 28.

22) 「高女東京修學」, 『每日申報』, 1914. 6. 20.

23) 「訓令」, 『官報』, 1921. 10. 1.

24) 박천홍, 『매혹의 질주, 근대의 횡단』, 산처럼, 2003, 22쪽.

25) 윤소영, 「러일전쟁 전후 일본인의 조선여행기록물에 보이는 조선인식」, 『시선의 탄생 식민지 조선의 근대관광』, 선인, 2015, 116~119쪽.

26) 統監府鐵道管理局, 『韓國鐵道營業案內』, 1908, 21쪽.

27) 「卒業生遠足」, 『皇城新聞』, 1908. 3. 22.

28) 「旅行學徒割引」, 『皇城新聞』, 1909. 6. 23.

29) 金允經, 「仁川遠足記」, 『靑春』 15호, 1918. 9, 80쪽.

30) 金富子, 조경희 역, 『학교 밖의 조선여성들』, 일조각, 2009, 99쪽.

31) 「普校修學旅行」, 『皇城新聞』, 1910. 5. 19.

32) 「수성학원 수학여행」, 『조선일보』, 1923. 9. 21.

33) 「各方面各機關」, 『별건곤』 23호, 1929. 9, 140쪽.

34) 방지선, 「1920-30년대 조선인 중등학교의 일본·만주 수학여행」, 『석당논총』 44, 동아대 석당학술원, 2009, 176쪽; 「本社主催 學生風紀問題座談會(6)」, 『동아일보』, 1934. 12. 18; 「卒業準備金 新入初에 六圓 京城第一高普」, 『동아일보』. 1936. 3. 12.

35) 李萬珪, 「修學旅行論」, 『신동아』 4권 8호, 1934. 8, 131쪽.

36) 南滿洲鐵道 京城管理局, 『統計年譜』, 1921, 124쪽.

37) 「仁川來訪團體 約八千名」, 『동아일보』, 1923. 10. 11.

38) 「宿泊料協定 觀覽客便宜圖謀」, 『동아일보』, 1927. 3. 16; 「元山各旅館 宿泊料減下」, 『동아일보』, 1929. 9. 10.

39) 白寬洙, 『京城便覽』, 홍문사, 1929, 217~218쪽.

40) 「朝博事務局 旅館食費作定」, 『동아일보』, 1929. 8. 11.

41) 「最近 物價騰貴로 宿泊料 一割 引上」,『동아일보』, 1935. 1. 25.

42) 奉天 一記者,「朝鮮人學生의 滿洲修學旅行」,『동아일보』, 1931. 5. 7.

43) 中澤不二雄,『朝鮮滿洲旅の栞』, 南滿洲鐵道株式會社, 1938, 5쪽. 해당 표와 설명의 번
역은 인용자에 의함.

44) 馮庸大學工學部 金鳳洙,「奉天에 修學旅行 오는 學友에게」1,『조선일보』, 1930. 11. 9.

45) 李柄一,「奉天旅行」,『養正』2호, 양정고등보통학교, 1925. 12, 138쪽.

46) 「着着取締」,『매일신보』, 1915. 7. 17.

47) 「修學旅行中 仁川서 松高生 受難」,『동아일보』, 1935. 6. 2.

48) 「日學生來京」,『皇城新聞』, 1909. 4. 1;「日學徒修學旅行」,『皇城新聞』, 1909. 12. 26;
「日學生觀覽」,『皇城新聞』, 1909. 12. 26;「接待後拜觀」,『皇城新聞』, 1909. 12. 29;「일
학도입성」, 『大韓每日申報』, 1910. 5. 15;「日校修業旅行」,『皇城新聞』, 1910. 5. 15;
「日商生入京」,『大韓每日申報』, 1910. 5. 15;「京都學生의 見學」,『每日申報』, 1911.
11. 1;「東筑中校生修學旅行」,『每日申報』, 1913. 10. 10.

49) 「社說: 朝鮮敎育に就て」,『敎育時論』958호, 開發社, 1911. 11. 25. 윤소영,「관광 명소
의 탄생과 숙박시설」, 국사편찬위원회 편,『여행과 관광으로 본 근대』, 두산동아, 2008,
185쪽 재인용.

50) 磯前順一, 심희찬 역,『상실과 노스탤지어』, 문학과지성사, 2014.

51) 「快少年世界周遊時報」,『少年』제1년 제1권, 1908. 11, 74-75쪽.

52) 「普成學校修學旅行」,『皇城新聞』, 1909. 5. 9.

53) 조성운 외,『시선의 탄생 식민지 조선의 근대관광』, 선인, 2015, 14쪽.

54) 「我韓學生에게 淸國의 夏期旅行을 勸홈」,『皇城新聞』, 1909. 7. 27.

55) 「學界의 程途가 次次發展되는 氣像을 可見ᄒ깃더구」,『皇城新聞』, 1910. 5. 21.

56) 藤田勝久, 주혜란 역,『史記를 탄생시킨 사마천의 여행』, 이른아침, 2004, 204-206쪽.

57) 서기재,『조선 여행에 떠도는 제국』, 소명, 2011, 255-257쪽.

58) 홍순애,「한국 근대 여행담론의 형성과 '수양론'의 실천적 논리」,『한국현대소설연구』
48, 한국현대소설학회, 2011.

59) 「修養과 旅行」,『靑春』9호, 1917. 7, 6-9쪽.

60) Cheong & Miller, "Power and tourism: A Foucauldian observation", *Annals of Tourism Research*, 27(2), p. 383. 조광익, 「근대 규율권력과 여가 관광: 푸코의 권력의 계보학」, 『관광학연구』 40호, 한국관광학회, 2002, 270쪽에서 재인용.

61) 윤소영, 앞의 책, 2015, 100~101쪽.

62) 朴允喆, 「江之島玩景記」, 『大韓興學報』 1호, 1909. 3, 57쪽.

63) Edward Relph, 김덕현 외 2인 역, 『장소와 장소상실』, 논형, 2005, 151쪽.

64) 尹定夏, 「觀日光山記」, 『大韓興學報』 3호, 1909. 5, 47쪽.

65) 鄭道洆, 「奇書: 內地修學旅行의 感想」, 『每日申報』, 1914. 11. 19.

66) 위의 글. 같은 쪽.

67) 鄭道洆, 「奇書: 內地修學旅行의 感想」, 『每日申報』, 1914. 11. 20.

68) 啓聖八十年史編纂委員會, 『啓聖八十年史』, 대구계성중고등학교, 1989, 155쪽.

69) 崔相元, 「春季修學旅行團實錄」, 『啓聖學報』 4호, 1916. 9, 40쪽.

70) 위의 글, 41쪽.

71) 李晳洛, 「修學旅行記」, 『啓聖學報』 5호, 1917. 7, 37쪽.

72) 최석영, 『일제의 동화이데올로기의 창출』, 서경문화사, 1997, 250~251쪽.

73) 이경민, 『제국의 렌즈』, 산책자, 2010, 96쪽.

74) 「開成」, 『고등조선어급한문독본』 2, 조선총독부, 1924, 31쪽.

75) 「平壤에서」, 『보통학교조선어독본』 6, 조선총독부, 1924, 69~70쪽.

76) 「富士山과 金剛山」, 『보통학교 조선어독본』 5, 조선총독부, 1924, 58~60쪽.

77) 長白山人, 「再生」, 『동아일보』, 1925. 9. 24-25.

78) 채만식, 『채만식전집』 2, 창작사, 1987, 50쪽.

79) Edward Said, 박홍규 역, 『오리엔탈리즘』, 교보문고, 2007.

80) 서기재, 앞의 책, 162~163쪽.

81) 위의 책, 133쪽.

82) 靑柳南冥, 『(新撰)京城案內』, 朝鮮硏究會, 1913, 326쪽.

83) 「現實에서 빗처본 中等敎育 改良方針 問題」, 『별건곤』 33호, 1930. 10, 32쪽.

84) 「잘하는 수학려행은 이런 것 - 고적과 풍경은 물론 빗 다른 인정풍속 특산물도 보고 감

상하라」,『소년조선일보』, 1939. 4. 30.

85) 孫永姫 외,「金剛山紀行文」,『好鐘』 10호, 호수돈여자고등보통학교, 1937. 12, 76-89
쪽; 白蓉姫 외,「慶州紀行文」,『好鐘』 10호, 1937. 12, 90-98쪽; 金德喜 외,「金剛山旅行
記」,『同德』 11호, 동덕학우회, 1939. 3, 10-22쪽.

86) Vittoria Borsò, 이기흥 역,「문학적 위상학 공간의 저술과 저술의 공간」,『토폴로지』, 에
코, 2010, 365쪽.

87) Derek Gregory, 최병두 역,「에드워드 사이드의 상상적 지리」,『공간적 사유』, 에코리브
르, 2013, 559쪽.

88) Vittoria Borsò, 앞의 책, 370쪽.

89) 張丙兟,「華城紀行」,『徽新』 창간호, 徽新學校同窓會, 1929, 56쪽.

90) 朝鮮總督府,「第十六課 富士山과 金剛山」,『普通學校 朝鮮語讀本』 5, 1923, 63쪽; 朝
鮮總督府,「第十二課 富士山」,『高等朝鮮語及漢文讀本』 1, 1924, 54쪽.

91) 딘묘순,「淸秋의 一日, 各學校旅行記—처음 본 開成」,『新女性』 1권 1호, 1923. 10.

92) 金履均,「慶州紀行」,『徽文』 3, 휘문고등보통학교학예부, 1925. 12, 80쪽.

93) 趙必大,「平壤修學旅行記」,『徽新』 창간호, 52쪽; 權寧喆,「浿城行脚」, 같은 책, 54쪽.

94) 權寧喆, 위의 글, 53쪽.

95) 金元熙,「平壤行」,『徽文』 3, 휘문고등보통학교학예부, 1925. 12, 97쪽.

96) 金榮熙,「修學旅行記」,『而習』, 普成高等普通學校而習會文藝部, 1928. 3, 17쪽.

97) 위의 글, 18쪽.

98) 金雲善,「開城旅行記」,『徽文』 3, 휘문고등보통학교학예부, 1925. 12, 99쪽.

99) 朴魯甲,「扶餘旅行記」,『徽文』 3, 휘문고등보통학교학예부, 1925. 12, 88쪽.

100) 片順男,「金剛山旅行記」,『培花』 창간호, 배화여고보, 1929. 5, 72쪽.

101) 李載婉,「金剛山旅行記」,『同德』 11호, 동덕학우회, 1939. 3, 18쪽.

102) Don Mitchell, 류제헌 외 역,『문화정치 문화전쟁』, 살림, 2011, 283쪽.

103) 金賣斗,「金剛山旅行記」,『桂友』 15호, 중앙고등보통학교동창회, 1935. 7, 84-85쪽;
邊奇明,「金剛山紀行文」,『好鐘』, 호수돈여자고등보통학교, 1937. 12, 82쪽; 高鍾順,
「金剛山旅行記」,『同德』 11호, 동덕학우회, 1939. 3, 14쪽.

104) 金敬愛·金貞盍 외,「金剛山紀行文」,『好鐘』10호, 호수돈여자고등보통학교, 1937. 12, 87-89쪽.

105) 鄭鳳得,「慶州紀行(1)」,『조선일보』, 1930. 12. 3.

106) 金智聖,「慶州旅行記」,『桂友』10호, 중앙고등보통학교동창회, 1931. 9, 27쪽.

107) 柄谷行人, 조영일 역,『네이션과 미학』, 도서출판 b, 2013, 162쪽.

108) 朴聖圭,「鷄林旅行記(1)」,『조선일보』, 1930. 10. 23.

109) 朴聖圭,「鷄林旅行記(2)」,『조선일보』, 1930. 10. 24.

110) 朴聖圭,「鷄林旅行記(4)」,『조선일보』, 1930. 10. 26.

111) 張德祚,「慶州旅行記」,『培花』4호, 배화여자고등보통학교교우회, 1932. 7, 93쪽.

112) 朴道秀,「慶州旅行記」,『松友』10호, 송도고등보통학교교우회학예부, 1937. 3, 48쪽.

113) 조성환 편,『경주에 가거든』, 학고방, 2011, 281쪽,

114) 柄谷行人, 앞의 책, 173쪽.

115) 崔分景,「新羅の古都　慶州を訪ふて」,『同德』11호, 동덕학우회, 1939. 3, 22쪽.

116) 柄谷行人, 앞의 책, 142-147쪽.

117) Terry Eagleton,「민족주의: 아이러니와 참여」, 김준환 역,『민족주의, 식민주의, 문학』, 인간사랑, 2011, 59-60쪽.

118) 書順成,「慶州旅行記」,『同德』11호, 동덕학우회, 1939. 3, 29쪽.

119) 崔分景, 앞의 글, 23쪽.

120)「禁足된 修學旅行」,『동아일보』, 1938. 9. 8.

121) 金燦淳,「修學旅行」,『조선일보』, 1938. 6. 19.

122)「修學旅行」,『동아일보』, 1931. 5. 15; 조성운,「1930년대 식민지 조선의 수학여행」, 『한일민족문제연구』23, 한일민족문제학회, 2012, 81쪽.

123)「咀呪하라! 平和博覽會」,『동아일보』, 1922. 5. 4.

124) 春川 農校旅行團,「內地旅行記」,『매일신보』, 1922. 6. 9.

125) 朝鮮總督府 編,『普通學校國語讀本』7, 1915(김순전 외 편역,『초등학교 일본어 독본』4, 제이앤씨, 97-98쪽 재인용).

126) 春川農校 洪壬植,「內地旅行感想」,『매일신보』, 1922. 6. 19.

127) 崔泰駿, 「日本旅行記(1)」, 『조선일보』, 1930. 11. 22.

128) 崔泰駿, 「日本旅行記(3)」, 『조선일보』, 1930. 11. 28.

129) 張順姙, 「內地修學旅行報告會にて-京城より嚴島まで」, 『進明』, 진명여자고등보통
학교, 1934. 8, 85-89쪽.

130) 위의 글, 94쪽.

131) 임성모, 「팽창하는 경계와 제국의 시선—근대 일본의 만주 여행과 제국의식」, 『일본
역사연구』 23, 일본사학회, 2006, 102쪽; 방지선, 앞의 논문, 193-194쪽.

132) 「不況도 몰르는 鐵道局의 黑字」, 『동아일보』, 1934. 3. 7; 「黑字沙汰의 鐵道局」, 『동아
일보』, 1937. 12. 15; 「旅客洪水時代! 三月에는 一三七名의 激增을 보여 허덕이는 鐵
馬悲鳴」, 『동아일보』, 1938. 3. 27.

133) 橋谷弘, 김제정 역, 『일본제국주의, 식민지 도시를 건설하다』, 모티브북, 2005, 45-47
쪽; 임성모, 앞의 논문, 2006, 102쪽; 방지선, 앞의 논문, 182-184쪽.

134) 방지선, 앞의 논문, 192쪽.

135) 東園先生, 「奉天行」, 『徽文』 3호, 徽文高等普通學校學藝部, 1925. 12, 70쪽.

136) 위의 글, 71쪽.

137) 李柄一, 「奉天旅行」, 『養正』 2호, 養正高等普通學校, 1925. 12, 137쪽.

138) 金正琬, 「奉天旅行記」, 『徽文』 3호, 徽文高等普通學校學藝部, 1925. 12, 75쪽; 鄭海
碩, 「奉天旅行」, 『養正』 2호, 養正高等普通學校, 1925. 12, 135쪽.

139) 東園先生, 앞의 글, 71쪽; 李柄一, 앞의 글, 139쪽.

140) 「現實에서 빗처본 中等敎育 改良方針 問題」, 『별건곤』 33호, 1930. 10, 31쪽.

141) 金斗憲, 「滿洲國修學旅行日記」, 『一光』 5호, 중앙불교전문학교 교우회, 1935. 1, 13쪽.

142) 辛錫信, 「奉天紀行(1)」, 『조선일보』, 1930. 12. 24.

143) 黃浩性, 「奉天修學旅行記」, 『桂友』 15호, 중앙고등보통학교 동창회, 1935. 7, 95쪽.

144) 閔天植, 「滿洲修學旅行記」, 『桂友』 16호, 중앙고등보통학교 동창회, 1936. 7, 137쪽.

145) ㅅㅅㅇ, 「南滿洲紀行」, 『松友』 10호, 송도고등보통학교교우회학예부, 1937. 3, 40쪽.

146) 임성모, 앞의 논문, 100-101쪽.

147) 李柄一, 앞의 글, 같은 쪽.

148) 磯前順一, 심희찬 역, 『상실과 노스텔지어』, 문학과지성사, 2014.

149) 辛錫信, 「奉天紀行(2)」, 『조선일보』, 1930. 12. 25.

150) 辛錫信, 「奉天紀行(3)」, 『조선일보』, 1930. 12. 26.

151) 鄭樂勝, 「滿洲싸지의 修學旅行記(2)」, 『매일신보』, 1931. 1. 28.

152) 鄭樂勝, 「滿洲싸지의 修學旅行記(3)」, 『매일신보』, 1931. 1. 29.

153) 서기재, 앞의 책, 31쪽.

154) 鄭樂勝, 「滿洲싸지의 修學旅行記(4)」, 『매일신보』, 1931. 1. 30.

155) 金斗憲, 「滿洲國修學旅行日記」, 『一光』 5, 중앙불교전문학교 교우회, 1935. 1, 14쪽.

156) 위의 글, 19쪽.

157) 우미영, 「전시되는 제국과 피식민 주체의 여행—1930년대 만주 수학여행기를 중심으로」, 『동아시아문화연구』 48, 한양대학교 동아시아문화연구소, 2010, 53쪽.

158) 권명아, 「생활양식과 파시즘의 문제」, 방기중 편, 『식민지 파시즘의 유산과 극복의 과제』, 혜안, 2006, 189쪽.

159) 鄭樂勝, 「滿洲싸지의 修學旅行記(2)」, 『매일신보』, 1931. 1. 28.

160) 鄭樂勝, 「滿洲싸지의 修學旅行記(4)」, 『매일신보』, 1931. 1. 30.

161) ㅅㅈㅇ, 앞의 글, 45쪽.

162) 金鍾根, 「滿洲紀行(2)」, 『동아일보』, 1930. 12. 6.

163) 金鍾根, 「滿洲紀行(3)」, 『동아일보』, 1930. 12. 7.

164) 위의 글, 같은 쪽.

165) 吉見俊哉 외, 연구공간 수유+'일본근대와 젠더 세미나팀' 역, 『확장하는 모더니티』, 소명, 2007, 227쪽.

166) 金鍾根, 「滿洲紀行(4)」, 『동아일보』, 1930. 12. 9.

167) ㅅㅈㅇ, 앞의 글, 44~45쪽.

168) 위의 글, 42쪽.

169) 山室信一, 윤대석 역, 『키메라 만주국의 초상』, 소명, 2009, 6~19쪽.

170) 黃浩性, 앞의 글, 98쪽.

171) 위의 글, 100쪽.

172) 金斗憲, 앞의 글, 21쪽.

173) ㅅㅈㅇ, 앞의 글, 42쪽.

174) 「父兄의 負擔을 考慮 修學旅行을 중지?」, 『조선일보』, 1931. 5. 6; 「旅行은 즐거우나 支出키 어려운 費用—修學旅行의 可否(1)」, 『조선일보』, 1931. 10. 1; 「學窓의 不況對策」, 『동아일보』, 1932. 5. 29.

175) 「父兄의 負擔을 考慮 修學旅行을 중지?」, 『조선일보』, 1931. 5. 6.

176) 「修學旅行을 制限하라」, 『동아일보』, 1931. 9. 29.

177) 黃浩性, 「奉天修學旅行記」, 『桂友』 15호, 중앙고등보통학교, 1935. 7, 90쪽; 「支出雜費를 節約하야 修學旅行費를 補助하라」, 『매일신보』, 1931. 5. 25.

178) 「觀光客도 節制하고 修學旅行도 考慮」, 『매일신보』, 1935. 5. 15.

179) 「敎育의 價値 업는 修學旅行은 不當」, 『매일신보』, 1937. 12. 11.

180) 「北京本社支局은 在留同胞慰安處」, 『매일신보』, 1938. 4. 29.

181) 金相英, 「修學旅行」, 『조선일보』, 1940. 6. 9.

182) 「引率者 必注意! 連日 不絶하는 失路學童」, 『조선일보』, 1935. 5. 26.

183) 慶州 一記者, 「修學旅行 學生 風紀問題」, 『동아일보』, 1932. 10. 2; 「修學旅行 온 生徒가 失踪」, 『매일신보』, 1935. 5. 5; 「修學旅行온 兒童들이 鎭南浦에서 暴行 海星校生徒와 衝突·亂鬪劇」, 『조선중앙일보』, 1935. 5. 22; 「修學旅行가서 誤死한 生徒 놉흔 언덕에서 써러저 죽어」, 『매일신보』, 1936. 10. 20; 「車中에서 장난 끝에 重傷 修學旅行 중의 橫厄」, 『조선일보』, 1936. 10. 9; 「修學旅行 中 慘變, 江界로 가든 途中 트럭이 顚覆」, 『조선일보』, 1937. 10. 22; 「開城 朴淵瀑布에서 大東商校生 溺死」, 『조선일보』, 1937. 10. 26; 「修學旅行 漢商生이 丹那隧道서 自殺」, 『조선일보』, 1939. 11. 16; 「턴넬, 列車서 投身 再次全線에 穟首—漢城商業學校生徒 修學旅行中自決」, 『매일신보』, 1939. 11. 16.

184) 「修學旅行生 탄 車가 修學旅行生 轢傷」, 『조선일보』, 1933. 5. 25.

185) 「경찰에 하로밤 잔 길 일흔 修學旅行團 兒童」, 『조선일보』, 1935. 5. 19; 「修學旅行團에 迷路生徒가 만허」, 『매일신보』, 1938. 4. 27.

186) 「修學旅行을 와서 學生 내버린 校長」, 『조선중앙일보』, 1934. 11. 7; 「修學旅行 온 兒

童을 警察에서 保護中 失踪된 兒童을 찾지 안코 간 載寧淸川普校의 失態」,『조선중
앙일보』, 1935. 5. 19; 「修學旅行온 兒童 旅館 일코 헤매여 引率者들 注意必要」,『조
선중앙일보』, 1935. 5. 26; 「修學旅行 왓다 길 일흔 學童」,『매일신보』, 1936. 5. 9.

187) 「修旅學生團과 市民間에 衝突」,『조선일보』, 1933. 10. 9.

188) 邊淑卿, 「內地修學旅行報告會にて-大阪方面」,『進明』창립30년기념호, 진명여자
고등보통학교, 1934. 8, 87쪽.

189) 「引率者 必注意! 連日 不絶하는 失路學童」,『조선일보』, 1935. 5. 26.

190) 「密陽農蠶校 學生一同盟休」,『동아일보』, 1930. 11. 5.

191) ㅅㅈㅇ, 「南滿洲紀行」,『松友』10호, 송도고등보통학교 교우회 학예부, 1937. 3, 44쪽.

192) 馬明妊, 「金剛山紀行文」,『好鐘』10호, 호수돈여자고등보통학교, 1937. 12, 84쪽.

193) 「全朝鮮 列車 時刻 改正 列車 運轉 回收 減少」,『동아일보』, 1937. 7. 31.

194) 「團體旅行解禁과 修學旅行團沙汰」,『조선일보』, 1937. 10. 13.

195) 「內地 修學旅行 當分間 中止!」,『조선일보』, 1938. 4. 30.

196) 「學園消費節約運動」,『매일신보』, 1938. 8. 24.

197) 「卒業班 內地旅行 積立金 限度로 容許」,『조선일보』, 1938. 9. 21.

198) 「學園에 부는 節約風」,『매일신보』, 1938. 9. 13.

199) 「徒步로 修學旅行」,『매일신보』, 1943. 5. 18.

200) 「學用品을 節約하라」,『조선일보』, 1939. 4. 7.

201) 「江陵女實修學旅行」,『매일신보』, 1939. 6. 25.

202) 「修學旅行列車」,『조선일보』, 1939. 6. 7.

203) 「旅行의 季節-修學旅行團 殺到로 철도국, 需應에 忙殺」,『조선일보』, 1940. 2. 28.

204) 「修學旅行에 制限 咸南道서 管下에 通牒」,『조선일보』, 1940. 5. 17.

205) 「修學旅行 대신 勤勞作業」,『매일신보』, 1940. 2. 10.

206) 「正義高女修學旅行」,『매일신보』, 1940. 4. 15.

207) 「修學旅行 制限 文部省에서 通牒」,『조선일보』, 1940. 6. 23; 「支那, 滿洲 方面에 修學
旅行 嚴禁-實習, 硏究行 等은 許可」,『매일신보』, 1940. 7. 2.

208) 「滿洲方面 修學旅行 禁止」,『조선일보』, 1940. 7. 2.

209) 「不用不急의 乘客制限 修學旅行은 許可制―鐵道輸送陣에도 新體制準備」, 『매일신보』, 1940. 7. 28.

210) 「戰時版學園新體制運動 京畿道內校長協定」, 『매일신보』, 1940. 8. 30.

211) 「楊口農校 卒業生 內地에 修學旅行」, 『매일신보』, 1941. 1. 19.

212) 「社說―修學旅行은 有效適切하게」, 『매일신보』, 1941. 6. 29.

213) 「聖域을 擇하라」, 『매일신보』, 1941. 9. 18.

214) 「修學旅行目的地 聖域을 選擇하라」, 『매일신보』, 1942. 6. 3.

215) 「修學旅行 問題 論議」, 『별건곤』 20호, 1929. 4, 114-121쪽; 「朝鮮人學生과 學費」, 『동아일보』, 1931. 3. 3; 「旅行은 즐거우나 支出키 어려운 費用―修學旅行의 可否(1)」, 『조선일보』, 1931. 10. 1; 「現實에서 빗처본 中等敎育 改良方針 問題」, 『별건곤』 33호, 1930. 10, 24-33쪽; 주요섭, 「修學旅行과 選手制度, 敎育界의 兩大問題」, 『동광』27호, 1931. 11, 33-34쪽; 「敎育界의 三大問題」, 『동광』27호, 1931. 11, 35-39쪽.

216) 「敎育界의 三大問題」, 『동광』27호, 1931. 11, 36쪽.

217) 「盟休對策座談會」, 『동아일보』, 1931. 7. 5.

218) 주요섭, 「修學旅行 是非, 과연 소득이 잇느냐 업느냐」, 『별건곤』45호, 1931. 11, 16쪽.

219) 「時話漫話」, 『별건곤』29호, 1930. 6, 27쪽.

220) 「橫說竪說」, 『동아일보』, 1931. 10. 5; 「夏節과 健康」, 『동아일보』, 1931. 6. 25.

221) 李萬珪, 「修學旅行論」, 『신동아』4권 8호, 1934. 8, 131쪽.

222) 「修學旅行에 對한 諸氏의 意見」, 『신동아』4권 8호, 1934. 8, 133-135쪽.

223) 張德祚, 「慶州旅行記」, 『培花』4호, 배화여자고등보통학교교우회, 1932. 7, 90쪽; 黃浩性, 「奉天修學旅行記」, 『桂友』15호, 중앙고등보통학교동창회, 1935. 7, 92쪽.

224) 金鳳洙, 「奉天에 修學旅行 오는 學友에게(完)」, 『조선일보』, 1930. 11. 12.

225) 奉天 一記者, 「朝鮮人學生의 滿洲修學旅行」, 『동아일보』, 1931. 5. 7.

226) 「修學旅行의 意義와 弊害」, 『조선일보』, 1938. 10. 20.

227) 「修學旅行 될수록 費用節約에 置重하라」, 『조선일보』, 1939. 10. 12.

228) 「修學旅行費 節約 國防獻金」, 『매일신보』, 1937. 12. 17.

229) 「修學旅行兒童들이 旅費모아 獻金 서울서 時局을 더 깁히 늣기고 靑暇公普生들 佳

行」, 『매일신보』, 1937. 11. 10.

230) 「修學旅行積立金獻金」, 『매일신보』, 1944. 3. 21.

231) Andrew Potter, 노시내 역, 『진정성이라는 거짓말』, 마티, 2016, 236~241쪽.

232) Fredric Jameson, 「모더니즘과 제국주의」, 김준환 역, 『민족주의, 식민주의, 문학』 인간사랑, 2011, 86쪽.

만주와 일본 수학여행 일정표는 『보성백년사』에 정리된 것을 참고했다. 만주 여행 일지 (『보성』 4호, 1938. 3)는 당시 보성고보 5학년 이춘희 학생, 일본 수학여행 일지(『보성』 6호, 1940. 3)는 5학년 김선술 학생이 정리한 것으로 기록되어 있다.

(보성100년사 편찬위원회, 『보성백년사』, 보성중고등학교, 2006, 181-196면 참고.)

## 만주 수학여행 일지(기행)

일시: 1937년(소화 12) 10월 26일부터 11월 2일까지

인원: 인솔선생 3명, 학생 78명(5학년), 사진사 1명.

### 1일(10월 26일, 화요일)

| | |
|---|---|
| 19:00 | 경성역 앞 집합 |
| 19:45 | 경성역 출발 |

### 2일(10월 27일, 수요일)

| | |
|---|---|
| 6:30 | 조식(평안북도 남시역 통과 후) |
| 7:13 | 신의주 하차 |
| 8:15-9:10 | 영림서(營林署) 견학 |
| 10:20-10:50 | 일승공사 신의주 공장 견학 |
| 11:00-11:20 | 조선촌 신의주 공장 견학 |
| 11:30-12:00 | 철교를 건너 안동(현 중국 단둥) 평화여관으로 |
| 13:00 까지 | 중식 |
| 13:20 | 진강산 공원 순람 |
| 14:30 | 화태 백화점 참관 |

| | |
|---|---|
| 18:00까지 | 자유 행동 |
| 18:30 | 석식(비가 내리기 시작) |
| 20:00까지 | 자유 행동 |
| 20:10 | 여관을 출발하여 안동역으로 |
| 21:30 | 안동역 출발 |

## 3일(10월 28일, 목요일)

| | |
|---|---|
| 7:00 | 봉천역(현 중국 선양) 도착 |
| 7:20 | 태평관 도착 |
| 7:50부터 | 조식 |
| 9:00 | 마차 20대에 분승하여 출발 |
| 9:40 | 충령탑 참배 |
| 10:30-11:00 | 국립박물관 견학 |
| 11:30-12:25 | 동선당 견학 |
| 13:00 | 북릉 참배, 중식 |
| 14:30 | 북릉을 출발하여 경내로 |
| 16:00 | 길순사방 옥상에서 시가 조망 |
| 17:25 | 태평관 도착 |
| 23:00 | 인원 점검, 취침 |

## 4일(10월 29일, 금요일)

| | |
|---|---|
| 6:00 | 기상, 조식 |
| 7:30 | 봉천역 출발 |
| 8:50 | 무순역(현 중국 푸순) 도착 |
| 9:30 | 전차를 타고 고성자(현 중국 신장 치타이) 탄갱으로 |
| 10:00-10:50 | 고성자 노천굴 견학 |
| 11:00-11:40 | 오일셰일 공장 견학 |
| 12:15 | 전차로 무순역 앞 도착 |
| 13:00 | 무순역 출발 |
| 14:06 | 봉천역 도착 |
| 16:20 | 휴식(토산물 구입) |
| 17:10 | 봉천역 출발 |
| 23:50 | 신경역(현 중국 창춘) 도착, 바로 환승하여 하얼빈으로 |

## 5일(10월 30일, 토요일)

| | |
|---|---|
| 7:18 | 하얼빈 도착 |
| 7:40 | 대복호텔 도착 |
| 8:20 | 조식 |
| 10:00 | 승합자동차 3대로 시내 순람 |
| 10:30 | 충령탑 참배 |
| 11:00 | 러시아인 묘지 참관 |
| 11:30 | 공자묘 |
| 12:00 | 대복호텔 도착 |
| 13:00 | 중식 |
| 18:00까지 | 자유행동 |
| 18:00-19:00 | 석식 |
| 22:30까지 | 자유 해산 |
| 22:40 | 인원 점검, 취침 |

## 6일(10월 31일, 일요일)

| | |
|---|---|
| 8:00 | 조식 |
| 9:40 | 하얼빈역 도착 |
| 10:20 | 하얼빈역 출발 |
| 16:20 | 신경역 도착 |
| 16:50 | 대만여관 대동여관 분산 숙박 |
| 17:30 | 석식 |
| 22:30 | 인원 점검, 취침 |

## 7일(11월 1일, 월요일)

| | |
|---|---|
| 8:30 | 조식 |
| 10:05 | 충령탑 참배 |
| 11:30 | 외무국 견학, 조사처장 박석윤 담화 |
| 12:40 | 국무원 견학, 호리구치 강연 |
| 15:00 | 여관 도착, 중식 |
| 16:40 | 신경역 출발 |
| 23:25 | 봉천역 도착, 안동간 열차 환승 |

**8일(11월 2일, 화요일)**

| | |
|---|---|
| 6:20 | 차 안에서 조식(현 평안남도 계관산역) |
| 8:30-9:20 | 안동역에서 세관 검사 |
| 12:13 | 차 안에서 중식(현 평안북도 정주역) |
| 17:00 | 차 안에서 석식(현 황해북도 사리원역) |
| 21:50 | 경성역 앞 해산 |

- 참고: 학생 1인당 여행비 평균 32원 15전, 봉천 마차 요금 4인승 1대에 2원 (종일), 하얼빈 자동차 요금 약 30인승 1대에 8원 50전 (2시간 30분)

# 일본 수학여행 일지

일시: 1939년(소화 14) 6월 4일부터 14일까지 11일간.

장소: 교토, 이세, 도쿄 방면.

인원: 인솔 선생 3명, 학생 126명.

### 1일(6월 4일, 일요일)

| | |
|---|---|
| 9:00 | 경성역 앞 집합 |
| 10:00 | 경성역 출발 |
| 21:35 | 부산역 도착 |
| 23:30 | 부산항 출항 |

### 2일(6월 5일, 월요일)

| | |
|---|---|
| 7:15 | 시모노세키 상륙 |
| 8:10 | 조식(일화산 공원에서) |
| 12:00 | 중식(차 안에서) |
| 13:58 | 미야지마역 도착 |
| 14:45 | 이쓰쿠시마 도착(기선으로), 이쓰쿠시마 신사 참배 |
| 16:35 | 이쓰쿠시마 출발 |
| 16:50 | 미야지마역 도착 |
| 17:20 | 석식(역 앞 상야여관에서) |
| 18:03 | 미야지마역 출발 |

### 3일(6월 6일, 화요일)

| | |
|---|---|
| 4:45 | 오사카 통과 |
| 5:35 | 교토역 도착, 만수가여관에 들어감 |
| 6:30 | 조식 |
| 8:00 | 히가시혼간지(동본원사) |
| 8:35 | 도요쿠니 신사(풍국신사), 자동차에 분승 |
| 8:45 | 산주산겐도(33간당) |
| 9:20 | 기요미즈데라(청수사) |
| 10:00 | 지온인(지은원), 짧은 휴식 |

| | |
|---|---|
| 10:50 | 헤이안진구(평안신궁) |
| 11:10 | 고쇼(어소) |
| 11:35 | 기타노진자(북야신사) |
| 11:55 | 긴카쿠지(금각사) |
| 12:40 | 아라시야마(남산) (중식, 휴식) |
| 15:00 | 니시혼간지(서본원사) |
| 15:25 | 여관 도착 |
| 17:00 | 석식(자유행동) |
| 22:00 | 점호 취침 |

## 4일(6월 7일, 수요일)

| | |
|---|---|
| 5:30 | 기상 |
| 6:15 | 조식 |
| 7:35 | 모모야마고료우역 도착(전차로) |
| 8:00 | 모모야마고료우(도산어릉) 참배 |
| 8:15 | 노기신사(내목신사) 참배 |
| 8:35 | 모모야마고료우역 출발 |
| 8:40 | 교토역 도착 |
| 9:40 | 데마치야나기역 출발(전차로) |
| 9:53 | 야세역 도착 |
| 9:58 | 사이토바시(서탑교)역 출발(등산 케이블카로) |
| 10:07 | 시메이가다케(사명명옥)역 도착(짧은 휴식) |
| 10:48 | 고이야(고조곡)역 출발(공중 케이블카로) |
| 10:52 | 엔랴쿠지역 도착 |
| 11:15 | 아미다도(아미타당) |
| 11:20 | 대강당(엔랴쿠지의 연혁 청취) |
| 11:35 | 네모토추도(근본중당)-중식, 휴식 |
| 13:45 | 네모토추도 출발 |
| 14:02 | 에이잔추도(예산중당)역 출발(등산 케이블카로) |
| 14:12 | 사카모토(판본)역 도착 |
| 14:50 | 사카모토(판본)항 출범(비파호 위를 달리다) |
| 15:30 | 하마오쓰(빈대진) 도착 |
| 15:37 | 오쓰(대진)역 출발 |
| 16:02 | 산조오하시(삼조대교)역 도착 |

| 16:40 | 여관 도착 |
|---|---|
| 17:30 | 석식, 자유 행동 |
| 22:00 | 점호 취침 |

### 5일(6월 8일, 목요일)

| 5:00 | 기상 |
|---|---|
| 5:50 | 조식 |
| 7:27 | 교토역 출발 |
| 8:35 | 나라역 도착 |
| 9:00 | 사루사와이케(원택지) |
| 9:15 | 보다이인(보리원) |
| 9:30 | 도다이지 난다이몬(동대사 남대문) |
| 9:40 | 도다이지 다이부쓰덴(동대사 대불전) |
| 10:00 | 다이본쇼우(대범종), 넨부쓰도(염불당) |
| 10:05 | 호케도(법화당)(삼월당), 쇼소인(정창원) |
| 10:10 | 다무케야마진자(수향산신사) |
| 10:40 | 중식, 휴식 |
| 11:30 | 가스가타이샤(춘일신사) |
| 11:50 | 고후쿠지 난엔도(흥복사 남원당), 자유 행동 |
| 13:56 | 나라역 출발 |
| 14:12 | 호류지(법륭사)역 도착 |
| 15:00 | 호류지(법륭사) (약 1시간에 걸쳐 경내 참관) 휴식 |
| 18:12 | 호류지(법륭사)역 출발 |
| 22:09 | 야마다(산전)역 도착 (버스에 분승, 여관을 향함) |
| 22:30 | 여관(고천수관)에 들어감 |
| 23:00 | 석식 |
| 24:00 | 취침 |

### 6일(6월 9일, 금요일)

| 5:00 | 기상 |
|---|---|
| 5:50 | 조식 |
| 7:00 | 도요우케다이진구(풍수대신궁, 외궁) 참배 |
| 7:25 | 게쿠마에(외궁전)역 출발(전차로) |
| 7:40 | 게쿠마에(외궁전)역 도착 |

| | |
|---|---|
| 8:05 | 코우다이진구(황대신궁, 내궁) 참배 |
| 8:45 | 나이쿠마에(내궁전)역 출발(전차로) |
| 9:10 | 후타미(이견)역 도착 |
| 9:20 | 후타미우라(이견포) 해안을 거닐다 |
| 9:50 | 수족관 견학 |
| 10:58 | 후타미 노우라(이견포)역 출발 |
| 12:40 | 중식(차 안에서) |
| 14:12 | 나고야역 도착 환승 |
| 14:43 | 나고야역 출발 |
| 19:30 | 석식(차 안에서) |
| 23:30 | 도쿄역 도착 환승 |
| 23:50 | 우에노역 도착 |
| 24:00 | 여관(말광관)에 들어감 |

## 7일(6월 10일, 토요일)

| | |
|---|---|
| 1:15 | 취침 |
| 6:30 | 기상 |
| 7:30 | 조식 |
| 8:40 | 긴류잔센소지(금룡산천초사) |
| 9:05 | 진재 기념탑 |
| 9:55 | 궁성에 참배 |
| 10:15 | 난코(남공, 구스노키 마사시게) 동상 |
| 10:50 | 센가쿠지(천악사) |
| 11:20 | 중식(충신정에서) |
| 12:00 | 노기진자(내목신사) |
| 12:05 | 노기테이(노기저택) |
| 12:40 | 메이지 진구(명치 신궁) 참배 |
| 13:05 | 메이지 진구 교엔(신궁외원), 성덕기념 회화관 견학 |
| 14:00 | 야스쿠니 진자(정국 신사) 참배 |
| 15:00 | 유슈칸(유취관), 국립 군사박물관 견학 |
| 16:00 | 여관에 도착 |
| 17:00 | 석식, 자유 행동 |
| 22:00 | 점호 취침 |

## 8일(6월 11일, 일요일)

| | |
|---|---|
| 7:00 | 기상 |
| 8:00 | 조식, 자유행동(도쿄 과학박물관 자유 견학) |
| 16:30 | 집합 점호 |
| 17:00 | 석식, 자유행동 |
| 21:30 | 집합, 여장을 꾸려 여관을 출발 |
| 22:10 | 우에노역 출발 |
| 22:15 | 도쿄역 도착 환승 |
| 23:20 | 도쿄역 출발 |

## 9일(6월 12일, 월요일)

| | |
|---|---|
| 9:00 | 조식(차 안에서) |
| 11:48 | 오사카역 도착 |
| 12:30 | 중식(역 앞 한큐백화점 식당에서) |
| 14:30 | 조폐국 견학 |
| 15:30 | 오사카 성 견학 |
| 17:30 | 석식(한큐백화점에서), 자유행동 |
| 18:10 | 집합 점호 |
| 18:45 | 오사카역 출발 |

## 10일(6월 13일, 화요일)

| | |
|---|---|
| 7:27 | 시모노세키역 도착 |
| 8:20 | 조식(히요리야마(일화산) 공원에서) |
| 10:30 | 시모노세키항 출항 |
| 13:00 | 중식(배 안에서) |
| 18:00 | 부산항 도착, 석식 |
| 21:15 | 부산역 출발 |

## 11일(6월 14일, 수요일)

| | |
|---|---|
| 8:00 | 경성역 앞 해산 |

참고문헌

1. 기본 자료

• 『高麗時報』『教育時論』『倣新』『開闢』『啓聖學報』『桂友』『官報』『勸業新聞』『東光』 『同德』『東亞日報』『大韓每日申報』『大韓興學報』『每日申報』『別乾坤』『培材學報』 『培花』『少年』『松友』『新東亞』『新女性』『而習』『一光』『貞信』『朝鮮日報』『朝鮮中央 日報』『進明』『帝國新聞』『青春』『太極學報』『皇城新聞』『徽文』『好鐘』.

• 조성환 편, 『경주에 가거든』 학고방, 2011.

• 啓聖八十年史編纂委員會, 『啓聖八十年史』 대구계성중고등학교, 1989.

• 보성중고등학교 편, 『보성백년사』 보성중고등학교, 2006.

• 성백걸, 『배화백년사』 배화학원, 1999.

• 蔡萬植, 『蔡萬植全集』 2, 創作社, 1987.

• 統監府鐵道管理局, 『韓國鐵道營業案內』 1908.

• 朝鮮總督府, 『普通學校朝鮮語讀本』 1923~1924.

• 朝鮮總督府, 『高等朝鮮語及漢文讀本』 1924.

• 朝鮮總督府, 『女子高等朝鮮語讀本』 1928.

• 朝漢文教育會, 『中等朝鮮語作文』 彰文社, 1928.

• 崔南善, 『時文讀本』 新文館, 1918.

• 鐵道院, 『朝鮮滿洲支那案內』 1919.

• 青柳南冥, 『(新撰)京城案內』 朝鮮研究會, 1913.

• 京城協贊會, 『京城案內』 1915.

• 朝鮮府教育會, 『京城案內』 1926.

## 2. 논문 및 단행본

• 구자황,「근대 교과서와 기행문 성립에 관한 연구: 일제 강점기 조선어 교과서에 나타난 명승고적을 중심으로」,『한민족어문학』69, 한민족어문학회, 2015.

• 국사편찬위원회 편,『여행과 관광으로 본 근대』, 두산동아, 2008.

• 김경남,「이광수의 작문관과 기행 체험의 심미적 글쓰기」,『어문논집』58, 중앙어문학회, 2014.

• 김지영,「문학 개념체계의 계보학―산문 분류법의 변화과정을 중심으로」,『민족문화연구』, 고려대 민족문화연구원, 2009.

• 김현주,『이광수와 문화의 기획』, 태학사, 2005.

• 맹문재,「1930년대 여자고등학생들의 학교생활 고찰―『배화』를 중심으로」,『한국학연구』29, 고려대학교 한국학연구소, 2008.

• 문혜윤,「수필 장르의 명칭과 장르의 성립 과정」,『민족문화연구』48, 고려대 민족문화연구원, 2008.

• 박진수 외,『근대 일본의 '조선 붐'』, 역락, 2013.

• 박진숙,「기행문에 나타난 제도와 실감의 거리, 근대문학」,『어문론총』54, 한국문학언어학회, 2011.

• 박천홍,『매혹의 질주, 근대의 횡단』, 산처럼, 2003.

• 박철희,「1930년대 중등학생의 수학여행 연구―만주와 일본 여행을 중심으로」,『교육사학연구』26집 1호, 교육사학회, 2016.

• 방기중 편,『식민지 파시즘의 유산과 극복의 과제』, 혜안, 2006.

• 방지선, 「1920-30년대 조선인 중등학교의 일본만주 수학여행」 『석당논총』 44, 동아대 석당학술원, 2009.

• 서기재, 『조선 여행에 떠도는 제국』 소명, 2011.

• 엄성원, 「일제 강점기 수학여행의 양상과 성격」 중앙대학교 석사학위논문, 2008.

• 우미영, 「전시되는 제국과 피식민 주체의 여행─1930년대 만주 수학여행기를 중심으로」 『동아시아문화연구』 48, 한양대학교 동아시아문화연구소, 2010.

• 이경민, 『제국의 렌즈』 산책자, 2010.

• 이승원, 『학교의 탄생』 휴머니스트, 2005.

• 이종혁, 「1930년대 경성공립농업학교의 수학여행」 서울시립대학교 석사학위논문, 2013.

• 인태정, 『관광의 사회학』 한울, 2007.

• 임성모, 「팽창하는 경계와 제국의 시선─근대 일본의 만주 여행과 제국의식」 『일본역사연구』 23, 일본사학회, 2006.

───, 「1930년대 일본인의 만주 수학여행─네트워크와 제국의식」 『동북아역사논총』 31, 동북아역사재단, 2011.

• 조광익, 「근대 규율권력과 여가 관광: 푸코의 권력의 계보학」 『관광학연구』 40호, 한국관광학회, 2002.

• 조성운 외, 『시선의 탄생 식민지 조선의 근대관광』 선인, 2015.

• 조성운, 「1920년대 수학여행의 실태와 사회적 인식」 『한국독립운동사연구』 42, 독립기념관 한국독립운동사연구소, 2012.

───, 「1930년대 식민지 조선의 수학여행」 『한일민족문제연구』 23, 한일민족문제학회, 2012.

─────,「대한제국기 근대 학교의 소풍·수학여행의 도입과 확산」,『한국민족운동사연구』
　　　70, 한국민족운동사학회, 2012.

• 조윤정,「근대 조선의 수학여행과 기행문 쓰기의 방법」,『동방학지』168, 연세대학교 국학
　연구원, 2014.

─────,「1900-1910년대 조선의 수학여행과 기록의 의미」,『민족문화연구』76, 고려대학
　　　교 민족문화연구원, 2017.

─────,「1930-40년대 수학여행의 사회 문화적 맥락과 서사화의 의미」,『로컬리티 인문
　　　학』18, 부산대학교 한국민족문화연구소, 2017.

• 최석영,『일제의 동화이데올로기의 창출』서경문화사, 1997.

• 홍순애,「한국 근대 여행담론의 형성과 '수양론'의 실천적 논리」,『한국현대소설연구』48,
　한국현대소설학회, 2011.

• 橋谷弘, 김제정 역,『일본제국주의, 식민지 도시를 건설하다』모티브북, 2005.

• 金富子, 조경희 역,『학교 밖의 조선여성들』일조각, 2009.

• 磯前順一, 심희찬 역,『상실과 노스탤지어』문학과지성사, 2014.

• 吉見俊哉 외, 연구공간수유+일본근대와젠더세미나팀 역,『확장하는 모더니티』소명, 2007.

• 藤田勝久, 주혜란 역,『史記를 탄생시킨 사마천의 여행』이른아침, 2004.

• 白幡洋三郎,『旅行のススメ』中公新書, 1996.

• 柄谷行人, 조영일 역,『네이션과 미학』도서출판 b, 2013.

• 山室信一, 윤대석 역,『키메라 만주국의 초상』소명, 2009.

• Borsò, Vittoria, 이기흥 역,『토폴로지』에코, 2010.

• Eagleton, Terry 외 , 김준환 역,『민족주의, 식민주의, 문학』인간사랑, 2011.

•Gregory, Derek, 최병두 역, 『공간적 사유』 에코리브르, 2013.

•Massey, Doreen B., 박경환 외 역, 『공간을 위하여』 심산, 2017.

•Mitchell, Don, 류제헌 외 역, 『문화정치 문화전쟁』 살림, 2011.

•Mosse, George L., 임지현 외 역, 『대중의 국민화』 소나무, 2008.

•Potter, Andrew, 노시내 역, 『진정성이라는 거짓말』 마티, 2016.

•Relph, Edward, 김덕현 외 2인 역, 『장소와 장소상실』 논형, 2005.

•Said, Edward, 박홍규 역, 『오리엔탈리즘』 교보문고, 2007.